Ulrich Börner

Der Australian Shepherd

Ein Handbuch
für eine nicht ganz gewöhnliche
Hunderasse

3. überarbeitete Auflage

Kierdorf Verlag

Ulrich Börner

Der Australian Shepherd

Für Rita,
Svea und Frauke

„They come in all colors and sizes

From dingos all full of surprises

Blue-eyed scene stealers

and Queensland blue heelers

And collies that win lots of prizes."

Baxter Black

from „The Cowboy and His Dog"

Impressum:

Verlag	:	Kierdorf Verlag Gut Dohrgaul D-51688 Wipperfürth Telefon 02267/2888 Fax 02267/4458 e-mail: kierdorf-verlag@t-online.de
Fachliche Beratung	:	Ute Löhr, Bochum Peter Hellmeister, Königswinter
Layout und Satz	:	DTP Ulrich Börner, Witten
Fotobearbeitung	:	Repro + Grafik Rudolf Borke, VS-Schwenningen
Umschlaggestaltung	:	Kierdorf Verlag Umschlagfoto, vorne - CH Prizm's Inside Track „Maxx" Silke Löffler, Kronach Umschlagfoto, hinten - Rita & Ulrich Börner, Witten Foto auf Seite 3 - Wolfgang Gsell, Stuttgart
Gesamtherstellung	:	Kierdorf Verlag

ISBN 3-89-118099-3

Abgebildete Australian Shepherds:

Die Fotos zu diesem Buch, und damit die auf ihnen abgebildeten Hunde, unterlagen ausschließlich gestalterischen Kriterien und wurden züchterisch völlig wertfrei ausgewählt.

Vorworte

- ASAG - Ute Löhr
- ASCD - Peter Hellmeister
- ASCS - Dr. Werner Koch

- Blue Sand Aussies
  - Micha Göbel
  - Bernie Zimmermann

„Ein paar Worte zu diesem Buch, die vielleicht nicht überlesen werden"

Der Autor und ich trafen uns ganz zufällig bei einem Aussietreffen Ende März 1996 im Schwarzwald. Wir unterhielten uns und stellten fest, daß wir „um die Ecke" wohnen. Uli in Witten und ich in Bochum. Da muß man so weit fahren, um sich kennenzulernen.

Zu dem oben genannten Treffen brachte Uli einen Vorabdruck der Rohversion seines Buches über Aussies mit, das er geschrieben hat. Das Erste in deutsch geschriebene und somit für alle „leserlich", denn nicht jeder kann so gut Englisch, um amerikanische Originalbücher zu verstehen. Natürlich mußte ich auch so eines haben und ganz gegen meine Art drängelte ich vor, es waren ja nur 25 Exemplare da, aber viel mehr Leute!

So zog ich mit meiner Beute davon und hatte auf dem langen Weg nach Hause eine Lektüre. Sie war gelungen und ich war auf das „richtige Buch", welches im August herauskommen sollte, dicker, mit mehr Informationen, mehr Bildern, usw. gespannt.

Ein paar Tage später rief mich Uli an und wir unterhielten uns, natürlich auch über das Buch, und ab da faxten wir, riefen uns an und tauschten uns aus.

Dann bekam ich eine Arbeitskopie des „echten Buches" und ich war überrascht: alles was Uli angekündigt hatte, stimmte! Er hat mit diesem Buch etwas eigenes geschrieben, mit viel Mühe, Recherchen, Einsatz, Herz und Verstand. Es ist leicht verständlich und bietet den Interessierten trotzdem fachliche Tiefe. Also rundum gelungen.

Und dann kam der Tag, an dem Uli mich bat, ein paar Zeilen zu seinem Buch zu schreiben. Ich? Ach je, wie geht das? Was schreibt man da? Ich nahm mir vor, ganz viele Vorworte zu lesen, was ich dann aber doch nicht tat.Vorworte lese ich gerne (ich liebe Bücher und habe auch viele), wenn sie aber zu langweilig sind, nicht bis zu Ende. Nun hoffe ich, daß meine Zeilen interessant genug sind, um auch bis zum Schluß gelesen zu werden.

Zum Ausklang möchte ich noch sagen, daß ich mir vorgenommen habe nichts über Aussies in meinen Zeilen zu haben, da wir alle wissen, warum wir diese Hunde lieben oder uns für sie interessieren. Hunde mit diesem Wesen, dieser Intelligenz, diesem Arbeitswillen, dieser Behendigkeit, Ausdauer und all ihren anderen guten Eigenschaften, mit einem solche Äußeren ziehen uns einfach in ihren Bann. Und wer seinen Aussie geistig fördert und fordert, der hat einen Ausnahmegefährten, mit dem alles möglich ist. Nun habe ich doch noch von diesen außergewöhnlichen Hunden geschwärmt, aber es nicht zu tun, fällt eben schwer.

Allen Hundefreunden und besonders den Aussiefreunden wünsche ich nun viel Freude an diesem Buch.

herzlichst

Ute Löhr
1.Vorsitzende
Australian Shepherd Association
Germany - ASAG

Vor Ihnen liegt das erste Buch in deutscher Sprache über den Australian Shepherd. Wir begrüßen das Engagement von Ulrich Börner, der sich mit diesem Buch große Mühe gegeben hat und damit eine Lücke schließt, die bereits seit einigen Jahren vorhanden ist. Machen Sie sich mit unserer Rasse vertraut und fragen Sie uns, falls Sie weitergehende Fragen haben. Wir helfen Ihnen gerne weiter. Zunächst aber genießen Sie dieses Buch und erhalten Sie einen ersten Eindruck unserer wundervollen Hunde.

Viel Spaß dabei, Ihr

Peter Hellmeister
Vorsitzender
Australian Shepherd Club
Deutschland - ASCD e.V.

Mit Freude und Genugtuung nehmen wir vom Australian Shepherd Club der Schweiz (ASCS) davon Kenntnis, dass über unseren Hund, den „Aussie", ein Handbuch in deutscher Sprache erscheint.

Herzlichen Dank.

Dr. Werner Koch
Präsident
Australian Shepherd Club Switzerland
ASCS e.V.

„Warum denn nun gerade einen Australian Shepherd?"

Als wir vor einigen Jahren das erste Mal ein Westernreitturnier besuchten, fiel er uns sofort ins Auge: ein mittelgroßer, aufmerksam und freundlich schauender Hund mit seidenweichem Fell und einer unglaublichen Mimik, wie wir sie bei noch keiner anderen Hunderasse beobachten konnten. Der immer wackelnde Pummelschwanz zeigte gleich, daß dieser Hund mit uns Freundschaft schließen wollte.

Unsere Fragen an den Besitzer wurden freundlich beantwortet und nach dessen Beschreibung mußte diese Hunderasse der ideale Reitbegleiter, Familien-, Hof- und natürlich Arbeitshund sein.

Zwei Jahre später, bei der der Planung eines USA-Aufenthaltes stand für uns fest - wir bringen einen »Sheparden« mit nach Hause.

In San Pablo, Kalifornien, lernten wir Karen Goad kennen, die eine kleine Australian Shepherd Zucht betreibt. Ihre Hunde stammen aus ausgewählten Blutlinien mit beachtlichen Showerfolgen.

Unser Interesse war umso größer, da sie gerade Jungtiere zu verkaufen hatte.

Vor unserer Reise hatte man uns vor unseriösen Massenzüchtern gewarnt, die genau wie hierzulande nur an größtmöglichen Profit denken. Mit einer gehörigen Portion Skepsis fuhren wir zu den Goad´s. Wir waren angenehm überrascht, als wir endlich auf dem Hof der Familie Goad ankamen. Nichts zeugte von Massenzucht, die Hunde liefen frei auf dem Gelände herum. Überall lag Spielzeug herum. Die Hunde begrüßten uns freundlich, aber mit dem nötigen Abstand, der diesen Hunden ja zu Eigen ist. Unser Herz verloren wir an eine blue merle Hündin, die wie ein kleines Bärchen aussah, so daß unser Entschluß sofort feststand - sie sollte mit uns über den großen Teich nach Deutschland fliegen.

Seitdem sind mehr als vier Jahre vergangen. Unsere kleine Hündin von damals ist längst eine erwachsene, selbstbewußte und folgsame »Shepardin« geworden. Die Erziehung war kein großes Problem, die Trainingsstunden auf dem Hundeplatz macht sie mit viel Freude und Eifer mit, wobei ihre große Vorliebe dem Breitensport gilt.

Für sie gibt es nichts schöneres, als über Tonnen zu springen, über Hürden zu klettern, durch den Tunnel zu schlupfen, über die Wippe zu laufen oder den Slalomparcour zu meistern. Am liebsten jedoch begleitet sie uns auf langen Ausritten und nutzt dabei jede Gelegenheit zu einem Bad im Bach oder einem See.

Seit einiger Zeit hat sie dabei Gesellschaft, denn im Herbst 1993 wurde sie Mutter von elf Welpen, von denen wir eine blue merle Hündin behielten.

Für uns gibt es keinen idealeren Hund als den Australian Shepherd.

Er macht jeden Spaß mit, ist mit Eifer bei der Arbeit an Pferden und Kühen, begleitet uns auf allen Ritten, ohne sich heimlich davon zu schleichen, ist leicht zu erziehen und trotz seines freundlichen Wesens ein wachsamer und ggf. verteidigungsbereiter Hund.

Seine besonderen Freunde aber, sind die Kinder, die er auch beschützt. Oft holen die Kinder der Nachbarn unsere

Hunde zum Frisbee- oder Stöckchenspiel. Dabei brauchen wir uns keine Gedanken weder um die Kinder, noch um die Hunde machen.

All dies macht den Aussie zu einem der wohl liebenswertesten Geschöpfe und deshalb:

Darum einen Australian Shepherd!

Dem Autor dieses Buches, den wir 1992 bei einem Westernreitturnier kennenlernten und mit dem wir seitdem freundschaftlich verbunden sind, wünschen wir, daß die Arbeit die er sich mit diesem Werk gemacht hat durch eine große Nachfrage belohnt wird. Es ist das bisher einzige deutschsprachige Buch, daß dem Australian Shepherd gewidmet ist.

September 1995

Bernie Zimmermann
Micha Göbel

Blue Sand Aussies

»Do-Khyi oder Tibet-Dogge«
- Urahn der Hirtenhunde -
Foto: Seyfang-Balshüsemann

tes zottiges Fell geschützte Hunde mit sich zu führen.

Man geht heute davon aus, dass sich die Hirtenhunde von Zentralasien, genauer gesagt vom tibetischen Hochland, ausbreiteten. Viele Kynologen bezeichnen die »Tibet-Dogge«, die erst durch englische Züchter zu einer anerkannten Rasse wurde, als Urahn aller Hirtenhundrassen. Schon Aristoteles (384 - 322 v.Chr.) beschrieb diesen Hund:

„...mit kolossalen Knochen, muskulös, schwer, großköpfig und ausgestattet mit einer breiten Schnauze..."

Aus dem Mittelalter ist überliefert, dass Marco Polo (1254-1324) diese Hunde auf seinen Reisen nach China sah und äußerst beeindruckt beschrieb:

„...sie sind so groß wie Esel, vorzüglich zur Jagd, namentlich der großen Ochsen (Yaks) geeignet...".

Aus diesen Hunden, sowie aus den von wandernden Albanerstämmen mitgeführten weißen »Molossern«, entstanden also die uns bis heute bekannten Hirtenhundrassen.

Die Aufgabe dieser Herdenschutzhunde, wie die Begleiter des Hirten auch genannt werden, bestand darin, die Herde in der Nacht zu bewachen, sie vor Raubkatzen, Wölfen, Bären und zweibeinigen Räubern zu schützen. Häufig waren mehrere solcher Hunde bei der Herde anzutreffen, die gemeinsam Jagd auf Wölfe machen sollten.

Die Hirten versahen sie mit schweren eisernen Halsbändern, die mit nach außen gerichteten Stacheln dafür sorgen sollten, im Kampf mit dem Feind diesem den tödlichen Kehlenbiss unmöglich zu machen. Die Ohren wurden ihnen bis an den Schädel abgeschnitten und ihre Schwänze kupiert, damit ein Gegner keine Möglichkeit hatte sie dort zu verletzen.

Ob es nun tatsächlich zu derartigen Kämpfen kam, ist nicht glaubhaft überliefert, wahrscheinlicher ist, dass der gegenseitige Respekt zwischen Wolf und Hund ausreichte, um die Räuber auf Abstand zu halten. Weil diese Hunde für die Hirten von unschätzbarem Wert waren, beschützten sie doch die Lebensgrundlage der Menschen, wurden sie

»Ungarischer Kuvasz«
- Hirtenhund -
Foto: Roese

mit großer Sorgfalt gezüchtet. Es versteht sich von selbst, dass die Zucht von damals nicht mit der Rassehundezucht von heute vergleichbar ist. Allerdings hat man sich bereits im Mittelalter Gedanken zu Zuchtzielen gemacht, die uns hier von zwei Zeitzeugen beschrieben werden:

Im Jahre 1494 äußerte sich Petrus d. Crescentius zur Farbe des Hirtenhundes in seinem Werk »von Thieren, so zum Bauernhof gehören«:

"Er soll auch an der Farbe ganz weiss sein, damit ihn der Schafhirt one mühe und Arbeit von dem Wolfe des Nachts und gegen Morgen, wenn es noch finster ist, möge erkennen."

Der schweizer Arzt, Philosoph und Naturkundeprofessor Conrad Gesner (1516-1565), beschrieb um 1558 in dem zoologischen Werk »Thiergeschichte« den optimalen Hirtenhund:

„Der vieh- oder schafhundt, Canis pastoralis, soll stark, mächtigen leibes, mutig und fräch sein, ein scheußlich geschrey oder bellen haben, an der farb ganz weiß und haarecht gleich den Schaafen, damit sollych vych nit ein abschrecken ab ihm habe und er on arbeit von dem wolffe möge erkannt werden, damit er in der dunkeln Finstere der Hund anstatt des Wolffes nit möge angegriffen und getödtet werden."

Ziel war es also, möglichst große, kräftige, mutige, unnahbare und bellfreudige Hunde zu züchten, die durch ihr weißes Fell den Schafen ähnlich sahen, um diese nicht zu beunruhigen. Außerdem sollte die Farbe die Hunde bei Dunkelheit leichter von den Wölfen unterscheidbar machen, damit sie nicht den mit Steinschleudern und Spießen bewaffneten Hirten zum Opfer zu fielen, während die Beutegreifer davonkamen.

»Chien de Montagne des Pyrénées - Pyrenäen-Berghund«
- Hirtenhund -
Foto: Klub für ungarische Hirtenhunde - Dr.Friedrich

Heute finden wir die Hirtenhunde bei ihrer ursprünglichen Arbeit nur noch in den Gebirgsregionen Süd- und Osteuropas sowie in Asien, wo es noch wildlebende Wölfe und Bären gibt. Bei uns überlebten einige als Haus- und Hofhunde in den ländlichen Gegenden.

Jeder Hirtenhund ist genetisch seiner ursprünglichen Aufgabe noch heute verbunden, dies zeigt sich deutlich in dem ihm eigenen Charakter. Sie sind normalerweise nicht besonders freundlich und allem Fremden gegenüber unnahbar und misstrauisch. Ein ausgeprägter Wach- und Schutztrieb ist ihnen zu eigen, der besonders mit der einsetzenden Dämmerung erwacht.

Da sie es gewohnt sind, völlig eigenständig und frei zu leben, benötigen sie eine feste, aber keinesfalls grobe Erziehung, die bei ihren Besitzern sehr viel Hundeverstand voraussetzt. Der Rangordnungssinn ist bei den meisten sehr intensiv ausgeprägt, darum müssen sie bereits als Welpe lernen, sich dem Menschen unterzuordnen.

Hirtenhunde sind nicht einfach im Umgang und gehören nur in die Hände von Menschen, die ganz besondere Freude daran haben, sich mit einem urwüchsigen Hundecharakter, der zum Teil wenig Abhängigkeit vom Menschen zeigt, zu beschäftigen.

In unseren Regionen gehören heute der ungarische Kuvasz (Abb.S.20) sowie der französische und spanische Pyrenäen-Berghund (Abb.S.21) zu den bekanntesten Hirtenhundrassen.

Die Treibhunde

Zu der Zeit, in der es noch nicht die für uns gängigen Transportmittel gab, mussten die Viehhändler ihre Rinder, Schafe und Schweine, über lange Strecken zu Fuß vom Erzeuger zum Markt bringen. Zum Vorantreiben des Viehs und zum Schutze des eigenen Lebens benötigten sie Hunde, die unerschrocken, ausdauernd, wendig, ausgesprochen genügsam, sowie voller Kraft und Durchsetzungsvermögen waren. Eine bestimmte Fellfarbe spielte bei diesen Hunden nun keine Rolle mehr.

»Rottweiler«
- Treibhund -
Foto: Schmidt

»Welsh Corgi - Cardigan«
- Treibhund -
Foto: Bentley

Im schwäbischen Rottweil, beispielsweise, wo sich bereits zur Römerzeit besagte Viehhändler mit ihren Herden trafen, züchteten die ortsansässigen Metzger aus den mitgebrachten Hunden, vermutlich römische Militärhunde vom Molossertyp und Schläge von alten sog. »Rüden«, den einzigen bis heute ursprünglich gehaltenen deutschen Viehtreibhund, den »Rottweiler«.

Dieser Hund, der heute als Polizei-, Rettungs- und Blindenhund geschätzt und eingesetzt wird, sowie auch der belgisch/ französische »Bouvier des Flandres« sind typische Treibhunde. Die interessantesten und außerdem kleinsten Vertreter der Viehtreiberhunde dürften wohl die, mit bis zu 30 cm Schulterhöhe und einem Gewicht von ca.12 kg, von den Wikingerhunden abstammenden und unter der Bezeichnung »Welsh Corgi« zusammengefassten Rassen »Cardigan« (Abb. oben) und »Pembroke« (Abb.S.24) sein. Sie werden nachweislich seit über 1000 Jahren gezüchtet und sind beispielsweise auf dem, aus dem Jahre 1077 stammenden »Teppich von Bayeux«,der die Eroberung Englands durch Wilhelm den Eroberer zeigt, abgebildet.

Die Spezialität, dieser kleinen Lieblingshunde der englischen Königin Elisabeth II., besteht im Vorantreiben des Viehs, durch beherztes »Kneifen« in die Fesseln, wobei sie, begünstigt durch ihre geringe Körpergröße, den gefährlich ausschlagenden Rindern blitzschnell ausweichen. Den »Pembrokes« werden lt. Rassestandard die Ruten kupiert. Sehr selten, damit bevorzugt und züchterisch etwas besonderes sind die Tiere mit angeborenem Stummelschwanz, während die »Cardigans« ihre natürliche, fuchsluntenähnliche Rute behalten.

Der »Australian Cattle Dog« ist ebenfalls ein Treibhund und vermutlich an der Entstehung des Australian Shepherds beteiligt. Durch seine Farbe wird er auch als »Red Heeler« (Abb.S.25) bzw. »Blue Heeler« (Abb. S.26) bezeichnet. In seiner Heimat nennt man ihn nach seinem Ursprungsgebiet auch »Queensland Heeler« (siehe dazu auch Kapitel 2 - Die Entstehung der Rasse).

»Welsh Corgi - Pembroke«
- Treibhund -
Foto: Bentley

»Australian Cattle Dog - Red Heeler«
- Treibhund -
Foto: Karin Schmidt

Mit der zunehmenden Ausweitung der Eisenbahn im 19. Jahrhundert und der damit verbundenen Verlagerung der Viehtransporte auf die Schiene, wurden die Dienste der Treibhunde nicht mehr in dem Maße benötigt wie einst. Die Folge daraus war, dass die typischen Treibhundrassen vom Aussterben bedroht waren. So wurden der »Rottweiler« von Ludwig Beckmann im Jahre 1895 nicht mehr erwähnt, weil sein Aussterben offensichtlich unmittelbar bevorstand.

Die Erhaltung dieser Rassen und Schlage verdanken wir der Tatsache, dass ihre Tugenden, die sie zu vielseitig einsetzbaren Gebrauchshunden machen, in besonderem Maße von Polizei und Militär geschätzt werden.

Die Hütehunde

Die dritte Gattung der Schäferhunde sind die Hütehunde, zu der auch der Australian Shepherd gehört. Es ist anzunehmen, dass sie sich erst entwickelten, als die natürlichen Feinde der Schafsherden, also Wolf, Bär und Luchs, weitgehend ausgerottet waren. Die Theorie, dass dies zuerst auf den "europäischen Inseln" wie Island, Irland und Großbritannien gelang und die Hunde sich von dort ausbreiteten, ist bis heute nicht bewiesen aber wahrscheinlich. Ziehen wir deshalb einen weiteren Zeitzeugen hinzu:

Cajus of Cambrigde schrieb im Jahre 1563 an seinen Freund, den Schweizer Conrad Gesner:

„Unser englischer Schäferhund ist nicht hoch, stark und schwer, sondern von unbedeutender und beliebiger Größe und Wuchs, denn er hat bei uns nicht mehr mit dem blutrünstigen Wolfe zu verhandeln - Dank dem mächtigen Prinzen Edgar, welcher um 959 gekrönt wurde und betreffenden Districten seines Reiches eine jährliche Steuer, bestehend aus einer großen Anzahl von Wolfsköpfen, auferlegte."

Außerdem berichtet er über die Art und Weise, wie dort zu seiner Zeit die Schafherden gehütet wurden:

„Denn bei uns in England ist es nicht wie in Frankreich oder in Flandern, in Syrien oder der Tartarei, wo nämlich die Schafe dem Hirten folgen, sondern in unserem Lande folgt der Hirt den Schafen."

- Wo auch immer der Hütehund entstanden sein mag, Tatsache bleibt, dass die schweren Hirtenhunde ihre Aufgabe in unseren Breiten irgendwann getan hatten und nur noch als Schutzhunde großer Anwesen überlebten.

Die Viehwirtschaft aber breitete sich weiter aus, denn durch die industrielle Verarbeitung der Wolle zu Tuchen, besonders für Uniformen und Schießwolle für Kriegszwecke, öffnete sich für die Schafzüchter ein scheinbar unerschöpflicher Markt.

»*Australian Cattle Dog - Blue Heeler*«
- Treibhund -
Foto: Karin Schmidt

»Border Collie«
- Hütehund -
Foto: Mößner

Bedingt durch die immer größer werdenden Schafherden benötigte der Schäfer nun einen kleinen, flinken und ausdauernden Hund, der weniger selbständig arbeitete als der Hirtenhund.

So entwickelten sich schnell bodenständige Hütehundschläge, deren Erscheinung durch die Anforderungen des Umfeldes, als auch durch die Witterung bestimmt wurde.

Die Hütehunde werden nach ihrem Einsatzzweck in zwei Kategorien aufgeteilt: 1.) Herdengebrauchshunde und 2.) Koppelgebrauchshunde.

Die Herdengebrauchshunde

Hütehunde, die große Schafsherden auf langen Wanderungen begleiten, sind in der Regel robuster, besitzen Schutztrieb und brauchen oft eine konsequentere Erziehung, als die örtlich hütenden Hunde, die dem Schäfer an den Pferchen helfen.

Die Rassenvielfalt der Hütehunde ist sehr groß, denn ähnlich, wie die Jagdhunde, wurden sie entsprechend den Anforderungen immer spezialisierter. Die kleinen, gelenkigen Schläge traf man meist im unwegsamen Gebirge an, während die großen ausdauernden Traber in der Ebene ihre Arbeit taten. Nach ihrem Arbeitsfeld nennt man diese Hunde auch »Herdengebrauchshunde«.

Die folgende Beschreibung des Herdengebrauchshundes von A.E.Brehm aus dem 19.Jh., ist zwar vermenschlicht und romantisch verfärbt, soll uns aber einen Einblick in das Aufgabengebiet dieser Hunde zur damaligen Zeit geben. In »Brehms Thierleben« steht über den Schäferhund:

„...Den leisesten Tritt eines den Feldweg Wandernden vernimmt sein feines Gehör; der geringste Luftzug bringt der

scharfen Nase die Witterung des der Herde sich Nahenden, und ebenso entschieden wie sicher ist die Fremdes ankündigende Stimme. Zu dieser Wachsamkeit gesellt sich auf der Grundlage einer rauhen derben Natur ernster Mut, welcher das Thier aber niemals auf die Abwege des Raufboldes führt. Auch die Tugend der Genügsamkeit besitzt unser Hund in hohem Grade und Unempfindlichkeit gegen Nässe, Kälte und Hitze teilt er mit seinem Gebieter. Immer beweist er sich verständig, aufmerksam und im Hüteramte von morgens bis abends unverdrossen tätig.

Dabei ist er ernsten ruhigen Wesens, karg im Lautgeben und Bellen, treu und voll Anhänglichkeit an seinen Herrn. Ohne ihn würde es unmöglich sein, Vieh zu hüten; ein Schäfer richtet mit ihm mehr aus, als zwanzig Hirten ohne Hund. Man verwendet den Schäferhund gewöhnlich im ersten Jahr seines Alters als Wächter

Zobelweiße »Border Collies«
- Hütehunde -
Foto: Mößner

der Herden. Mit der Zeit lernt er seinen Wirkungskreis vollständig ausfüllen. Es ist keineswegs gleichgültig welches Vieh er zu hüten hat; denn er muß nach den verschiedenen Hausthieren sein Betragen einrichten. Der Hund des Kuhhirten muß stets seinen Herrn beobachten und aufmerken, was dieser befiehlt. Rinder, welche nicht sogleich gehorchen, muß er wirklich beißen, denn sonst haben sie keine Furcht vor ihm. Treibt er eine Kuh vor sich her, so darf er ihr nur nach den Hinterbeinen beißen oder an die Seiten, nie nach dem Schwanze, am allerwenigsten nach dem Euter. Schlägt eine Kuh nach ihm aus, so muß er sich gut in acht nehmen, aber dennoch beißen; widersetzt sich ein Ochse oder eine Kuh geradezu mit den Hörnern, so trägt er dennoch den Sieg davon, indem er das Thier in die Schnauze beißt und sich daran festfängt.

Die spanischen Hirten benutzen während des Hütens auch noch die Schleuder und wissen sie mit unfehlbarer Sicherheit zu gebrauchen. Ein Ochse, welcher einigemal durch einen ihm an den Kopf geworfenen Stein vom Hirten gestraft worden ist, darf sich vor dem Hund in acht nehmen, denn dieser merkt sich den störrischen sehr bald und erlaubt ihm schon nach kurzer Zeit nur die beschränktesten Bewegungen innerhalb eines gewissen Kreises. Starke Hammel, muss er auch beißen; Lämmer, trächtige oder säugende Schafe aber darf er nie beißen, sondern er muß dann nur so tun als ob er beiße wollte."

»Berger des Pyrénées à FaceRase«
- Hütehund -
Foto: CBP-Archiv / Kopernik

Leider werden die riesigen Schafherden in Mitteleuropa immer seltener. Dies hängt zum Einen mit der immer dichter werdenden Besiedelung bzw. Industrialisierung und zum Anderen mit der Konkurrenz am internationalen Wollmarkt zusammen. Bedenkt man, dass im Jahr 1989, Australien mit rd. 161 Mio. Schafen und 622.000 t Rohwolle lieferte, das sind mehr als ein Drittel der Weltproduktion und der Rest fast ausschließlich durch die UdSSR, Neuseeland, China und Argentinien abgedeckt wurde, so wundert es nicht, dass wir in unseren Breiten kaum noch große Schafherden zu sehen bekommen.

Heute kommt dafür die Haltung einiger weniger Schafe, nicht zuletzt durch

»Berger des Pyrenées - Pyrenäen-Schäferhunde«
(links: MuseauNormal - Mittellanghaar / rechts: FaceRase mit halblangem Deckhaar)
- Hütehunde -
Foto: CBP-Archiv / Kopernik

die Öko-Tierzucht, immer mehr in Mode. Hier spricht man von der Koppelweidenhaltung. Dabei weiden die Schafe in extra eingezäunten Bereichen und werden nur noch selten übers Land getrieben. Durch diese veränderten Bedingungen ergeben sich neue und recht unterschiedliche Aufgaben für den Hütehund. An der Herde arbeitet also der Herdengebrauchshund und in der Koppel - der Koppelgebrauchshund. Werfen wir nun einen genaueren Blick auf die Aufgabengebiete und die Anforderungen der in diesen Bereichen arbeitenden Hunde.

Aufgaben des Herdengebrauchshundes

Wer einmal die Gelegenheit hatte, eine Schafherde zu beobachten, den wird nicht nur der Anblick der weidenden Tiere fasziniert haben, sondern auch die Leistung der Hunde, die den Schäfer begleiten. Es scheint als seien diese Hunde den Schafen in ihren Aktionen immer einen Schritt voraus. Schnell drängt sich der Gedanke auf, dass die Hütehunde über einen siebten Sinn verfügen. Jedoch ist dieses Schauspiel weniger mystisch als man zunächst vermuten möchte, denn einerseits sind der ausgeprägte Hüteinstinkt und andererseits die intelligente Umsetzung der Kommandos für das erfolgreiche Arbeiten an der Herde ausschlaggebend. Die Kommunikation zwischen Hund und Schäfer bleibt aber in den meisten Fällen dem Zuschauer verborgen.

In der Wanderschäferei musste aus Kostengründen meist mit nur einem Hund gearbeitet werden. Da der Schäfer das ganze Jahr unterwegs war, wurde er gezwungen, die Nahrung für sich und seinen Hund in Kost- bzw. Wirtshäusern zu kaufen. Dies war in der Regel eine recht teuere Angelegenheit und zwang den Schäfer auf einen zweiten Hund zu verzichten. Anders ist es dagegen in den lokal arbeitenden Betrieben, hier wird man in der Regel zwei oder drei Hunde bei der Herde antreffen. -

Der Hütetrieb

Was veranlasst einen Hund, andere Tiere zusammenzutreiben und zusammenzuhalten? Ein Blick auf das Erbgut des Hütehundes könnte Aufschluss geben:

Wenn die caniden Vorfahren unseres Hundes, die Wölfe sind, so vererbten sie auch die Instinkte für das Handeln des Hütehundes! Forscher fanden folgendes heraus:

Wenn Wölfe jagen, geschieht dies immer im Rudel, welches durch gezielte Koordination eine Gruppe möglicher Beutetiere zusammenhält. Die Tiere werden an einen bestimmten Ort getrieben, wo dann eines ausgesondert wird, um getötet zu werden. Dieses Verhalten ist genetisch gesteuert. Der Ablauf ist immer derselbe. Zunächst nähert sich jeder Wolf der Beute bis auf dieselbe Entfernung und

Alfred Edmund Brehm (1829-1884)
Deutscher Zoologe und Forschungsreisender
Verfasser von „Brehms Thierleben"

Border-Collie »Hemp vom Beutenhof« zeigt »Auge«.
Foto: Mößner

hält dabei zu seinen rechten und linken Jagdgefährten immer den gleichen Abstand. Das Opfer wird eingekreist, wobei der Kreis immer enger gezogen wird.

- Der Hütehund arbeitet nach dem gleichen System, nur dass ihm das Rudel fehlt. Darum wird er versuchen, jeden einzelnen zu ersetzen, d.h. er übernimmt die Arbeit von einem Dutzend Wölfen, so als wäre er jeder einzelne. Zuerst bestimmt er den richtigen Abstand, den das »Rudel« von der Herde halten soll. Danach rennt er herum, um alle Positionen einzunehmen die sonst von seinen Kumpanen besetzt worden wären. Während er sich von einem »Posten« zum nächsten begibt spielt er nacheinander die Rollen der fehlenden Jagdgefährten und »umzingelt« die Herde in weit ausholenden Kreisbewegungen. Durch dieses Verhalten, wobei er immer an den Positionen stehen bleibt, an denen sich eigentlich ein anderer Wolf befinden sollte, treibt er die Schafe von den Außenrändern der Herde in die Mitte des Kreises und hält sie so zusammen.

Ein weiterer Jagdinstinkt betrifft den »Hinterhalt«. Ein einzelner Wolf trennt sich vom Rest des Rudels und versteckt sich vor dem Beutetier. Er liegt auf dem Boden und wartet, während die anderen Wölfe die Herde langsam auf ihn zutreibt. - Dies wäre eine Erklärung für die Neigung der Hütehunde, erst zu laufen und sich dann hinzulegen, um die Schafherde anzustarren. Übernimmt der Hund jetzt die Rolle des Wolfes der im Hinterhalt lauert? Dabei scheint er die

Schafe zu hypnotisieren, die sich anschicken vom Rest der Herde zu entfernen.

Bewegt sich die Herde dann wieder als Ganzes, kehrt der Hütehund sofort zu dem Verhalten zurück, mit dem er das kreisende Wolfsrudel imitiert.

Beim Treiben der Herde handelt es sich offenbar um den gleichen Instinkt, der Wölfe veranlasst, ihre Beute in die Enge zu treiben, um die Fluchtmöglichkeiten ihres Opfers einzuschränken. Wölfe erreichen dies, in dem sie schnell auf die Tiere zulaufen, die dann dank ihres Fluchtinstinktes in entgegengesetzter Richtung fliehen. Steuern lassen sich die so getriebenen Tiere durch schnappen nach den Hinterläufen oder den Flanken. - Hütehunde verhalten sich ebenso wenn es darum geht, einzelne Tiere in ihrer Bewegung zu kontrollieren.

»Rough-coated Collie - Langhaar-Collie«
- Hütehund -
Foto: Fechtel

Der letzte ausschlaggebende Instinkt hat etwas mit der sozialen Ordnung der Wölfe zu tun. In jedem Rudel gibt es ein »Alpha-Tier«, welches bei der Jagd die Bewegungen des Rudels koordiniert und kontrolliert. Im sozialen Umfeld des Hütehundes ist es der Schäfer, der als »Alpha-Tier«, die „Jagd" durch seine Kommandos lenkt.

Bei der Arbeit sollte alles so ruhig wie möglich und ohne Gebell zugehen, denn ein wild umher rennender kläffender Hund wird die Herde wohl eher auseinandertreiben als zusammenhalten. Einschränkend sei allerdings bemerkt, dass es in Herden mit Jungschafen schon mal den einen oder anderen »Beller« bedarf, um die gewünschte Wirkung zu erzielen. Ist ein Tier besonders störrisch, muss sich der Hund mit massiven Körperkontakt durchsetzen. Die dabei angewendeten »Griffe« sind regional verschieden und von der Körpergröße des Hundes abhängig. Der Schäfer unterscheidet zwischen »Keulen-, Rippen- und Nackengriff«. Beim Keulengriff beispielsweise beißt der Hund mit der Nasenfläche zur Innenseite des Schenkels kurz über dem Sprunggelenk des Schafes, ohne jedoch größeren Schaden anzurichten. Um schlimmere Verletzungen zu verhindern ist es durchaus üblich, den Hunden die Eckzähne abzuschleifen oder sogar zu ziehen. Betrachten wir nun die Aufgaben der Hunde im Alltag.

»Rough-coated Collie - Langhaar-Collie«
- Hütehunde -
Foto: Fechtel

Die hauptsächliche Tätigkeit im Weidebetrieb besteht aus dem »Wehren im Stand« und dem »Wehren in der Bewegung«, also dem Abwehren der Schafe vor einem stehenden bzw. einem in Bewegung befindlichen Hindernis.

Der Tag beginnt mit dem »Auspferchen«. Die Herde verlässt Stall und Pferch und zieht auf die Weide. Dabei muss der Hund dort stehen, wo der größte Andrang zu erwarten ist. Dann wird er in den Stall bzw. Pferch zurückkehren, um Nachzügler zu holen, denn seine Aufgabe beinhaltet auch, darauf zu achten, dass alle Schafe mitkommen.

Auf dem Weg zur Weide, geht der Schäfer vor der Herde. Der Hund befindet sich entweder vor ihm oder an befahrenen Straßen neben der Herde. Dort läuft er auf und ab, um die Flanke zu sichern. Dabei darf er sich von fahrenden Autos nicht ablenken lassen.

Sollte es erforderlich werden, dass der Hund die Herdenseite wechselt, so darf er dies niemals hinter der Herde tun. Schafe könnten erschrecken und vorspringen, die dadurch entstehende Unruhe kann auf befahrenen Straßen verhängnisvolle Folgen haben. Also wird er einen Wechsel immer vor der Herde und vor dem Schäfer durchführen.

Hat die Herde ihr Ziel erreicht, wird der Schäfer je nach Art und Beschaffenheit der Weide entscheiden, ob das »weite oder enge Gehüt« anzuwenden ist. Findet er z.B. eine große Fläche mit wenig, aber gehaltvollem Futter vor, wird er sich für das »weite Gehüt« entscheiden. Das bedeutet, dass die Schafe in breiter Front weiden und sich ihr Futter in Ruhe suchen dürfen. Der Hund arbeitet hier weitgehend selbständig. Der erfahrenere und geübtere Hund, der sog. »Haupthund«, erkennt sofort die Grenzen des Feldes die er abzulaufen hat. Ansonsten wird er vom Schäfer durch entsprechende Kommandos auf eine Furche im Acker, einen Weg oder eine Feldabgrenzung geschickt, die er allein erkennt. Während die Tiere weiden, wird er diese Grenze durch Pendeln einhalten und so, vorwitzige Schafe immer wieder zurücktreiben.

Auf der anderen Seite der Herde wird der Schäfer mit einem »Beihund« das Wehren übernehmen. So kann er z.B. mit seiner »Schäferschippe« etwas Erde aufnehmen und gegen ausbrechende Tiere werfen oder aber den Beihund schicken.

Ist es angeraten, das Weidetempo zu verlangsamen, dirigiert der Schäfer den Hütehund vor die Herde. Die Schafe werden in ihrem Vorwärtsdrang gebremst und grasen die Fläche dadurch intensiver ab.

Der Hund sollte grundsätzlich nur solange in Bewegung sein, wie dies für seine Aufgabe unbedingt erforderlich ist. Wird er für die Arbeit nicht gebraucht, stellt ihn der Schäfer heraus. Nun muss er an dem ihm zugewiesen Platz verharren und auf weitere Kommandos warten. Dies wird ihm sicher nicht leicht fallen, denn durch die ihm angeborene Affinität, hängt er an der Herde.

Ist die Weide der Länge nach abgegrast, wird die Herde »gekippt«. Dabei hält der »Haupthund« die Herde am Kopfende, während der Schäfer die Tiere an der entgegengesetzten Seite lockt um so die Schafe zum Richtungswechsel zu bewegen.

Ist das Weidegelände in kleine Parzellen aufgeteilt wird das »enge Gehüt« angewendet. Dabei kommt es häufig vor, dass sich zwischen den Teilstücken Räume befinden, die nicht beweidet werden dürfen. Hier muss nun, aufgrund des

Platzmangels, die Herde eng zusammengehalten werden. Auch jetzt wehrt der Schäfer auf der einen und der »Haupthund« auf der anderen Seite der Herde. Eine Sonderform des engen Gehüts ist das Wegehüten, d.h. die Ränder von Wegen sind zu beweiden. Hier verrichtet der »Haupthund« doppelte Arbeit, denn neben der Weidetempokontrolle muss er außerdem an den Flanken wehren.

Der Arbeitstag endet für den Hund mit dem Einpferchen, also der Aufgabe, dafür zu sorgen, dass alle Tiere wieder in den Stall oder Pferch zurückkehren. Dabei ist es für ihn wieder oberstes Gebot, darauf zu achten, dass es kein Gedränge gibt. Absoluter Respekt bei den Schafen ist auch dafür unbedingt nötig.

Zusammenfassend lässt sich also feststellen: Der Hütehund braucht gute Nerven, einen festen Charakter, ausgeprägten Hütetrieb und eine große Führigkeit gegenüber seinem Herrn. Außerdem muss er ein ausdauernder Traber sein, um problemlos über längere Zeit neben der Herde zu pendeln. Das Wegepensum eines aktiv arbeitenden Hundes liegt in der Saison bei ca. 60-70

»Smooth-coated Collie - Kurzhaar-Collie«
- Hütehund -
Foto: Claudia Schmidt

km pro Tag. Darüber hinaus wird von ihm ein hohes Maß an Selbständigkeit bei seiner Arbeit erwartet, sowie ein ausgezeichneter Gehorsam. Seine Sinnesorgane müssen gut entwickelt sein, um auf jeden Wink, Ruf oder Pfiff des Schäfers sofort zu reagieren. Hütehunde sind äußerst sensible Tiere und neigen unter Umständen zur Unterwürfigkeit. Auf ein offenes, selbstbewusstes und unerschrockenes Wesen sollte man deshalb in der Zucht des Hütehundes besonderen Wert legen.

Aufgaben des Koppelgebrauchshundes

Besteht eine Herde nur aus wenigen Tieren, so ist die Haltung in kleinen eingezäunten Bereichen angeraten, der sog. Koppelschafhaltung. Hier ist das Aufgabengebiet des Hundes ein wenig anders. Aus dem Hütehund wird der Koppelgebrauchs- oder Koppelschafhund.

Ein Koppelschafhund muss über die Fähigkeit verfügen, die Schafe auf Kommando heranzutreiben. Tauchen Hindernisse auf, muss er sie sicher um diese herumführen. An den Ställen und Pferchen arbeitet er selbständig, d.h. er holt die Tiere dort heraus und bringt sie auch wieder hinein. Seine Aufgabe besteht also hauptsächlich aus dem »Treiben« und nicht aus dem »Hüten«. Darüber hinaus hat der Koppelschafhund auch Sonderaufgaben zu erledigen, wie z.B. das »Aussondern« von gekennzeichneten Schafen. Er muss das entsprechende Tier so aus der Herde »herausschneiden« und dem Schäfer zutreiben, dass der es problemlos greifen kann. Außerdem muss er, etwa für eine tierärztliche Untersuchung, die Lämmer von ihren Müttern trennen können. Diese Aufgabe erfordert eine enorme Nervenstärke, denn Mutterschafe können sehr aggressiv werden, wenn es um ihre Jungen geht. Wettbewerbe für Koppelgebrauchshunde werden in England schon seit einigen Jahren durchgeführt, leider entwickelt sich dieser höchst interessante Sport bei uns nur sehr langsam.

Resüme e: Hütehunde sind »Arbeitshunde«. Ein Schäfer hat in der Regel nicht viel Zeit, um einen Hund auszubilden, er muss also möglichst rasch, möglichst perfekt arbeiten. Dazu gehören angeborene Arbeitswilligkeit und enge Verbundenheit zum Herrn. Beides bringen die Hütehunde mit. Das macht sie wiederum zum bevorzugten Begleithund, denn sie sind intelligent, stellen sich auf den Menschen ein und sind recht einfach zu erziehen. Einziger Wermutstropfen: Ein Hütehund, egal welcher Rasse er auch angehört, braucht unbedingt viel Bewegung und Beschäftigung. Wer die Absicht hat sich einen Australian Shepherd zu kaufen, sollte dies auf jeden Fall berücksichtigen.

Kapitel 2

Die Entstehung der Rasse

- Die Geschichte
- Die alten Schäferhunde Deutschlands
- Die alten Schäferhunde Englands und Schottlands
- Die alten Schäferhunde Frankreichs
- Einwanderer prägen die USA
- Der Weg nach Westen
- Die „Aussies"
- Die Urväter?
- Der Durchbruch
- Die Zuchtvereine

Die Geschichte

„Da wir nicht wissen, was in den letzten hundert Jahren alles gezüchtet und gekreuzt worden ist, erscheint es ziemlich hoffnungslos, die stammesgeschichtlichen Beziehungen zwischen den Rassen nachzuvollziehen. Doch das Bedürfnis des Menschen, diese verwirrende Vielfalt zu ordnen und damit auch zu begreifen, bleibt bestehen. Wie also der Mannigfaltigkeit des Hundes eine Fasson geben?"

Dr. Erik Zimen
Zitat aus „Der Hund"
Abstammung - Verhalten - Mensch und Hund

Weil mit der Historie der U.S.A. eng verbunden, ist die Rassewerdung des Australian Shepherds sicherlich eine der spannendsten Geschichten einer Hütehundrasse überhaupt.

Beginnen müssen wir in der Mitte des 19. Jahrhunderts, als eine durch Not und Elend bedingte Auswanderungswelle in Europa begann, die als Ziel die Vereinigten Staaten von Amerika hatte. Allein zwischen 1851 - 1890 wanderten 2,4 Millionen Briten, 2,4 Millionen Iren, 3 Millionen Deutsche und über 1 Million Skandinavier in die U.S.A. ein. Eine beträchtliche Zahl, wenn man bedenkt, das Städte wie Hamburg mit 132.000 Einw. oder Düsseldorf mit 27.000 Einw. im

Unterkunft für Auswanderer nach Nordamerika (Holzstich von G.Broling, 1882)

Jahre 1850 zu den deutschen Großstädten zählten. Dagegen stieg beispielsweise die Einwohnerzahl Chicagos, in der Zeit von 1850 - 1900, von 30.000 Menschen auf 1,7 Mio. Einwohner an.

Mit all diesen Menschen, die auf der Suche nach einer neuen Heimat und einem neuen Glück waren, kamen natürlich auch deren Tiere, wie Schafe, Ziegen und natürlich auch Hunde mit in die »Neue Welt«.

So brachten zum Beispiel schottische Siedler ihre »Collies«, Engländer ihre »Bobtails«, Basken ihre »Berger des Pyrénées«, und die Deutschen ihre »deutschen Schäferhunde« mit. -

Grundsätzlich sind mit den oben genannten Hunden nicht die uns heute, im Zeitalter moderner Hundezucht, bekannten Tiere gemeint, sondern vielmehr die Schläge, aus denen sich später o.g. Rassen entwickelten. Der Einfachheit halber

Deutscher langhaariger (zottiger), rauhhaariger (spitzhaariger) und kurzhaariger Schäferhund (Holzstich von Ludwig Beckmann)

sei mir allerdings gestattet, zur allgemeinen Verständlichkeit, die Namen der Rassen zu verwenden.

Damit wir uns ein Bild davon machen können, wie es vor über 100 Jahren um die Hundezucht bestellt war, möchte ich aus dem wohl ersten Buch zitieren, das sich mit der Rassehundezucht befasst. Im Jahre 1894 veröffentlichte Ludwig Beckmann sein Werk: »Geschichte und Beschreibung der Rassen des Hundes«. Daraus sind für uns folgende Hunde interessant:

- *Die Schäferhunde Deutschlands*
- *Die Schäferhunde Englands und Schottlands*
- *Die Schäferhunde Frankreichs und Italiens*

Stockhaarige deutsche Schäferhunde (Holzstich von Ludwig Beckmann)

Beginnen möchte ich mit den Schäferhundrassen und -schlägen, die es nachweislich im vorigen Jahrhundert in Deutschland gegeben hat:

Die alten Schäferhunde Deutschlands

Über diese Hunde schreibt Ludwig Beckmann:

"Bei dem starken Variiren der Schäferhunde in den verschiedenen deutschen Ländern war die erste Aufstellung ihrer Rassezeichen keine leichte Aufgabe und es schien anfangs kaum möglich, allgemein gültige Bestimmungen in dieser Richtung treffen zu können. Der Ausgang aus diesem Labyrinth war gefunden, sobald man zu der Überzeugung gelangte, dass es unmöglich sei, nur eine einzige Form des »Deutschen Schäferhundes« als die richtige hinzustellen und dass hier - je nach der Behaarung - drei durchaus verschiedene Rassen unterschieden werden müssten. Die nachstehend angeführten Rassezeichen sind nach jenem Dreiteilungprinzip schon vor mehreren Jahren vom Verfasser entworfen, sie haben den »Freunden der betreffenden Rassen« zur Begutachtung vorgelegen und wurden im Juli 1890 von der Deligirten-Commission mit geringen Abänderungen zuerst veröffentlicht."

Allgemeine Erscheinung: Trotz der verschiedenen Behaarung der deutschen Schäferhunde zeigen dieselben eine große Übereinstimmung hinsichtlich der Formen und Eigenthümlichkeiten in der Haltung und den Bewegungen, welche mehr als bei allen ausländischen Schäferhundrassen an die der Windhunde erinnern. Dahin sind zunächst das hochgetragene, immer scharf gespitzte Ohr, die gestreckte, spitz zulaufende Schnauze, die meist abwärts getragene buschige Ruthe, der rastlose Gang (Wandel) und die beständige Aufmerksamkeit auf die gesamte Umgebung. Nach der Behaarung sind, wie bei den deutschen Hühnerhunden, drei verschiedenen Classen oder Unterrassen anzunehmen, nämlich:
1.) rauhaarige, 2.) glatthaarige, 3.) langhaarige Hunde. Die Größe wechselt je nach den Terrainverhältnissen ziemlich bedeutend; in weiten uncultivirten Weiden finden sich größere und stärkere Hunde, als in hoch cultivirten, aus kleinen Feldparcellen bestehenden Gegenden, wo meist kleine, rasche, bewegliche Hunde gehalten werden. Im Durchschnitt beträgt die Höhe mittelgroßer Schäferhunde etwa 55, die der Hündinnen etwa 50 cm."

Nach dieser Schilderung kann von einer Reinzüchtung des Deutschen Schäferhundes im vorigen Jahrhundert also noch keine Rede sein. Ludwig Beckmann berichtet über die Hintergründe:

"Ein Haupthindernis der Reinzüchtung unserer Schäferhunde lag in dem leidigen Umstande, dass diese Thiere bei uns fast überall im Besitz der Schäfer von Profession sind, welche als einfache, unbemittelte Leute wenig Interesse für die Veredelung und Reinzüchtung ihrer Hunde haben, vielmehr nur die Gebrauchstüchtigkeit derselben schätzen. Ebenso sind unsere Schäfer selten zu bewegen, ihre Hunde - selbst gegen entsprechende Geldentschädigung - auf Ausstellungen zu schicken, da ihnen die betreffenden Verhältnisse zu fremd sind und die Hunde überhaupt vom Schäfer nicht mehrere Tage entbehrt werden können."

Fünf Jahre später, im April 1899, gründete Rittmeister Freiherr Max von Stephanitz den »Verein für Deutsche Schäferhunde« mit Sitz in Stuttgart. Ziel war es die vorzüglichen Eigenschaften des deutschen Herdengebrauchshundes züchterisch zu verbessern. Aus thüringischen und württembergischen stockhaarigen Schäferhunden (s.Abb.S.41) begann nun die organisierte Reinzucht des deutschen Schäferhundes. Offensichtlich nicht nur als Hütehund, sondern auch um einen gebrauchstüchtigen Diensthund für Polizei und Militär zu erhalten. Dies belegen auch die folgenden Zahlen: Von den ~1,9 Mio. heute registrierten »Deutschen Schäferhunden« werden höchstens 800 - 1000 Hunde zum Hüten eingesetzt.

Max von Stephanitz sagte einmal, vielleicht auf den »Verwendungszweck« des Deutschen Schäferhundes angesprochen:

„Schäferhundezucht ist Gebrauchshundezucht, sonst ist sie keine Schäferhundezucht. Des deutschen Schäferhundes eigentlicher und vornehmster Beruf ist und bleibt der Hütedienst an der Schafherde. Dort kommen seine Anlagen auf eindrucksvollste Weise zur Geltung."

Eine hübsche Anekdote aus der Zeit vor der Jahrhundertwende ist zum Thema Schäferhund, ebenfalls in dem Buch von Ludwig Beckmann zu finden:

"Es dürfte sich kaum empfehlen, ältere Schäferhunde, welche ihren eigentlichen Beruf bereits ausübten, als Begleiter in größeren Städten zu benutzen. - Ein Freund dieser Rasse kaufte vor Kurzem einen sehr schönen Deutschen Schäferhund, welcher ihn auf seinen täglichen Spaziergängen begleiten musste. Der Hund machte indessen seinem Besitzer wenig Freude, da er die eigenthümliche Neigung entwickelte, seinen Herrn wie einen zurückbleibenden Hammel vorwärts zu treiben, sobald derselbe unterwegs Anstalten machte, bei einem Bekannten oder an einem Schaufenster nur einen Augenblick Halt zu machen. Der Hund bewegte sich dabei im kurzen Bogengange nach rechts oder links dicht hinter seinen Herrn zum Ergötzen aller Vorübergehenden und wurde wegen dieses übel angebrachten Diensteifers bald dem Schäfer zurückgegeben."

Rittmeister Freiherr Max von Stephanitz (Zeitgenössisches Portrait)

Die alten Schäferhunde Englands und Schottlands

Über die Hütehunde auf den britischen Inseln schreibt Ludwig Beckmann folgendes:

„Wir haben hier, wie bei den deutschen Schäferhunden, je nach Behaarung drei verschiedene Formen zu unter

»Old English Sheepdog« oder »Bobtail« genannter englischer Hütehund (Holzstich aus dem 19.Jahrhundert)

scheiden, nämlich die lang- oder rauhaarigen (rough-coated Sheepdogs), die kurzhaarigen oder glatthaarigen (smooth-coated) und zottigen, schwanzlosen Hunde (Bobtails). Die beiden ersten Formen sind augenscheinlich nur Varietäten ein und derselben Rasse, und werden meistens unter dem Namen »Collies« oder »schottische Schäferhunde« zusammengefasst. Dagegen ist der zottige oder »alte englische Schäferhund« augenscheinlich anderer Abkunft; seine Behaarung zeigt in ihren Nähten und Wirbeln große Ähnlichkeit mit Griffons à poil long und den Steppenhunden, wie dies auch auf unsere deutschen zottigen Schäferhunde passt. Wegen seiner kurzen Ruthe führt der alte englische Schäferhund den Namen »Bobtail« - doch wird er in den Ausstellungskatalogen, wie auf den Gebrauchsprüfungen auch wohl als »Old English Sheepdog« bezeichnet."

Den kupierten Stutzschwanz hat der »Old English Sheepdog« einem alten englischen Steuergesetz zu verdanken. Danach hielt man Hunde ohne Rute für Arbeitshunde, für die keine Steuern erhoben wurde. Was natürlich für die ohnehin nicht reichen Schäfer Anlass genug war, ihre Hunde zu kupieren. Die Rassebezeichnung Old English Sheepdog ist daher weniger geläufig, als der Name »Bobtail« (Stummelschwanz), der dem Hund durch besagten Umstand die heutige Rassebezeichnung einbrachte.

"Die langhaarige (rough-coated) Form des Collie oder schottischen Schäferhundes ist von jeher die beliebteste gewesen (die letzten 20 Jahre). Auf der großen Kennelclub-Ausstellung 1887 waren 67 Hunde dieser Varietät - 31 der kurzhaarigen Form und 9 zottige oder Bobtails gemeldet. Wenn in ersterer Classe auch einige Hunde in Folge der Concurrenzclassen doppelt aufgeführt sind, so wiederholt sich doch im Allgemeinen die Anzahl der ausgestellten Hunde in ähnlichem Verhältnis. Bei den Gebrauchsprüfungen stellt sich das Verhältnis für die beiden letzten Classen meist etwas günstiger."

Nach Auskunft von Ludwig Beckmann, war der langhaarige Collie bei den Schönheitswettbewerben zahlreicher vertreten, als der kurzhaarige oder der Bobtail. Diese Aussage deckt sich mit den

Schottischer langhaariger und kurzhaariger Schäferhund (Rough- and smooth-coated Collie) (Holzstich von Ludwig Beckmann)

Schilderungen anderer Chronisten, die davon berichten, dass es ursprünglich mehr kurzhaarige Collies gab und erst mit der Einführung der o.g. Konkurrenzen, welche von Königin Viktoria ins Leben gerufen worden waren, eine verstärkte Zucht des langhaarigen Typs betrieben wurde. Diese Entwicklung wurde m.E. auch dadurch begünstigt, das in der puritanischen Gesellschaft des Viktorianismus das Königshaus im höchsten Maße Vorbildfunktion hatte und sich die Königin selbst einige dieser Hunde am Hofe hielt. Das beim »Langhaar-Collie« verstärkt die Zucht des Aussehens im Vordergrund stand, lässt sich auch daraus ableiten, dass bei den Gebrauchsprüfungen, die langhaarigen Vertreter in der Unterzahl waren.

Auf den ersten Blick scheint es, als wäre es um die Reinzucht der Hütehunde in Großbritannien des ausgehenden letzten Jahrhunderts besser bestellt gewesen, als auf dem Kontinent. Doch: *„Man würde indes sehr irren, wollte man* *darauf schließen, dass der Schäferhund schon damals in Schottland überall durch rein gezüchtete Collies vertreten war. Als ich in der letzten Hälfte der 70er Jahre (1875-1880) längere Zeit in den eigentlichen schafzüchtenden Districten an der Westküste Schottlands mich aufhielt, war ich sehr überrascht, dort fast dieselbe Mannigfaltigkeit der Formen unter den Collies zu finden, wie wir dies bei unseren deutschen Schäferhunden gewohnt sind. Allerdings war der Collietypus immer mehr oder weniger erkennbar reingezüchtete Exemplare fand ich aber zuerst nach meiner Rückkehr auf einer Hundeausstellung in Glasgow. Selbst »Stonehenge« bemerkt noch 1883, dass es in Schottland und »dem Norden Englands« wie auch in Wales eine große Verschiedenheit unter den Hunden, welche zum Hüten der Schafe verwendet werden, zu bemerken sei."*

Zeitgenössisches Portrait von Queen Victoria (1819 - 1901)

Wahrscheinlich sind es also die auf Seite 45 abgebildeten »Collies«, die Ludwig Beckmann, auf seiner Reise in der zweiten Hälfte der 70er Jahre des 19. Jahrhunderts an die Westküste Schottlands, gesehen und gezeichnet hat.

Diese waren nicht so hochläufig, hatten einen breiteren Oberkopf und einen viel ausgeprägteren Stop. Häufig kamen seitlich anliegende Kippohren vor. Es liegt nahe, dass sich aus diesen, im Grenzgebiet England/Schottland, vorkommenden Hütehundschlägen später auch die sog. »Border-Collies« (Border = Grenze) entwickelten.

Eine Besonderheit dieser Hunde ist das sog. »eye« (Auge, Blick). Damit ist die Fähigkeit des »Borders« gemeint, durch anstarren der Weidetiere, diese unter Kontrolle zu halten und in der benötigten Weise zu bewegen, ohne dass weitere weniger schonende Aktionen notwendig werden. Dieses Phänomen kommt den Briten bei ihren Hütewettbewerben natürlich sehr entgegen, da hierbei der »Griff« des Hundes am Schaf nur mit besonderen Einschränkungen erlaubt ist. Ein weiteres unverkennbares Charakteristikum sind die geduckte Haltung und die eingezogene Rute bei der Hütearbeit.

Wer einen Border-Collie einmal bei seiner Arbeit sah, wird sich sofort an das Jagdverhalten der Wölfe (s.Kapitel 1 - Der Hütetrieb) erinnert fühlen und so ist auch bei diesem Hund der Schritt vom Hütehund zum Schafskiller nicht sehr groß. In den großen Schafzuchtgebieten wird er deshalb sehr stark kontrolliert.

Trotzdem gehört er heute zu den beliebtesten Hütehunden in Großbritannien. Auch in Deutschland findet er eine immer größer werdende Anhängerschaft, die ihn bei der Arbeit an den Schafen einsetzt.

Auf der Abbildung unten sind die Collie-Typen zu sehen, die Ludwig Beckmann auf den Schönheitszucht-Wettbewerben antraf. Sie entsprechen schon eher dem Bild des heutigen Collies.

Langhaariger Collie Champion "Eclipse" (Holzstich von Ludwig Beckmann)

Die alten Schäferhunde Frankreichs

Zunächst wieder die Ausführungen von Ludwig Beckmann:

„In Frankreich sind bis jetzt nur zwei Rassen des Schäferhundes anerkannt, nämlich der »Chien de Beauce« und der »Chien de Brie« (Briard). Ersterer bildet die ältere und größere Form, der Kopf ist leicht, die Schnauze schmal, aber die Stirn breit und erhöht, die Augen klein, rund und lebhaft, die Ohren spitz und kurz. Die Gliedmaßen sind stark und wohlgeformt. Der Rumpf mit derbem etwas rauem Stockhaar, die Ruthe dick behaart, buschig, hängend, die Spitze aufwärts gebogen. - Die Farbe schwarz oder graubraun melirt, oftmals gelblich am Bauch und den Läufen, oder mit weißen Abzeichen an den Extremitäten.

Der »Chien de Beauce« oder »le Beauceron« wird seit alter Zeit in den Departements »Eure-et-Loir« und »Loir-et-Cher« im Südosten und in einiger Entfernung von Paris gezüchtet. Er wird auch zum Aufsuchen der Trüffeln, sowie in einigen Departments zu den Saujagden verwendet, in neuerer Zeit auch als »Kriegshund« erzogen.

Der »Chien de Brie«, auch »le Labrie« oder »le Briard« genannt, ist die zweite kleinere französische Schäferhundrasse, welche allgemein für eine Kreuzung zwischen dem alten »Chien de Beauce« und dem »Griffon à poil long« gehalten wird. In der Behaarung hat er viel Ähnlichkeit mit unseren deutschen »zottigen« Schäferhunden und dem englischen Bobtail. Er ist kleiner als der »Chien de Beauce«, die Farbe ist schwarz grau oder graugelb, die Ruthe meißt in der Jugend gestutzt, sonst wie unsere zottigen Hunde behaart und getragen. Er wird in den Departements der »Seine-et-Oise«, der »Seine-et-Marne« und der »Aisne« gefunden.

Die oft als französische Schäferhunde bezeichneten »Chiens des Pyrénées« zählen zu den Hirtenhunden und sind bis jetzt weder streng gezüchtet, noch zuverlässig beschrieben."

»Famille Pyrénéenne au 19e Siècle« - Einziges Bilddokument eines Berger des Pyrénées im 19.Jahrhundert. Es zeigt eine bäuerliche Familie mit ihrem Hund. (Museum Lourdes)

Bei den zuletzt genannten Hunden wird nicht klar welche von Ludwig Beckmann gemeint sind. Da er zunächst von Schäferhunden der Pyrenäen spricht, müsste er eigentlich den »Berger des Pyrénées« oder »Pyrenäen-Schäferhund« meinen, da er dann aber diese Hunde zu den Hirtenhunden zählt, käme nur der »Chien de Montagne des Pyrénées« oder »Pyrenäen-Berghund« in Frage.

Ich glaube, dass sich Beckmann nicht allzu intensiv mit den französischen Schäferhundrassen auseinander gesetzt hat. Dies lag sicherlich nicht zuletzt an dem deutsch-französischen Verhältnis der damaligen Zeit. Bemühen wir darum einen anderen Chronisten:

Pierre Mégnin, Journalist der Zeitschrift »L'Eleveur«, berichtet um die Jahrhundertwende von einem Schäferhundtyp aus den Pyrenäen so:

„Der Kopf des Pyrenäen-Schäferhundes ist wenig mit Haaren behangen. Es

einige wenige lange Haare über den Augenbrauen, aber dieser Hund hat weder Schnauz- noch Kinnbart. Erst auf der Hinterhand wird das Haar sehr dicht; dort hat er starke »Hosen« und auf den Keulen einen dichten Behang. Die Glieder aber sind fast kurzhaarig. In der Farbe ist der Pyrenäen-Schäferhund grau, und zwar silbergrau mit schwarzen Flecken. Die Augen sind oft Wechsel- oder Glasaugen, d.h. ihre Iris ist hellblau".

Mégnin beschreibt hier offensichtlich einen »Berger des Pyrénées«, wie er heute noch in einigen Tälern der Pyrenäen anzutreffen ist. Seinen Ausführungen kann man entnehmen, dass er bei der Schilderung der Fellfarbe von einem sog. »Harlekin«, also einem merlefarbenen Hund spricht.

Der »Labrit«, wie der Pyrenäen-Schäferhund auch genannt wird, entstammt dem Gebiet der französischen und spanischen Pyrenäen und wird in der Mitte des 18. Jahrhunderts zum ersten Mal erwähnt. Er hatte damals und hat zum Teil auch heute noch ein recht unterschiedliches Exterieur. In jedem Haupttal der Pyrenäen bildete sich, bedingt durch Inzucht, ein eigener Typ aus, der sich allerdings nur in Einzelheiten vom eigentlichen Ausgangstyp unterschied. Ursächlich für diese regional bedingten Unterschiede war sicherlich, dass o.g. Gebiet in zahlreiche kleine Gebirgsrepubliken unterteilt war, deren Bewohner untereinander keine intensiven Kontakte pflegten. Diese »Kleinstaaten« waren stets darum bemüht ihre Eigenständigkeit zu erhalten, und erschwerten dadurch eine grenzüberschreitende Zucht der Hunde. Bis heute existiert noch das Fürstentum Andorra als letzter dieser »Staaten«.

Durch diesen Umstand war es möglich, zu Beginn der offiziellen Zucht noch sehr genau die verschiedenen Untertypen nach dem jeweiligen Herkunftstal unter-

»Berger des Pyrénées à FaceRase«
Foto: CBP-Archiv / Kopernik

Mulberry Bend, New York im Jahre 1886
(Fotografie von Jacob A. Riis)

scheiden zu können. Der »Berger« kam wahrscheinlich mit den aus den West-Pyrenäen stammenden Basken in die Vereinigten Staaten.

- Soweit dieser etwas ausführlichere Blick auf die europäischen Hütehundrassen, die zur Zeit der großen Auswanderungswellen in Europa anzutreffen waren. Es ist davon auszugehen, dass es jene Hunde waren, die von den Einwanderern mit in die U.S.A. gebracht wurden und die deshalb zur Entstehung des Aussies beigetragen haben, oder besser aus denen der Australian Shepherd entstand. Die Umstände, durch die es letztendlich dazu kam, sollen im nachfolgenden, durch einen Blick auf die Geschichte der Vereinigten Staaten von Amerika, belegt werden.

Einwanderer prägen die USA

In den U.S.A. angekommen, suchten die meisten Menschen zunächst Arbeit in den großen Städten des Ostens wie New York oder Chicago. Hier bildeten sich Wohnviertel getrennt nach der Herkunft der Menschen. Ein Journalist, Jacob August Riis, schrieb im Jahre 1889 in seiner Dokumentation »How The Other Half Lives«, die in dem Magazin »Scribner's« veröffentlicht wurde:

„Eine Karte der Stadt, auf der die verschiedenen Völkerschaften farbig eingetragen wären, würde mehr Streifen als ein Zebra und mehr Farben als der Regenbogen aufweisen. Auf einer solchen Karte würde die Stadt in zwei große Hälften zerfallen. Von diesen würde die iri-

sche Hälfte in den Mietskasernenbezirken der Westseite grün und die deutsch bewohnten Stadtteile auf der Ostseite blau markiert sein. Aber mit diesen beiden Grundfarben würde sich eine ganze Reihe von Farbschattierungen vermischen, wodurch das Ganze das Aussehen einer wunderlichen Flickendecke bekäme. Vom sechsten Bezirk nach oben ...würde das Rot der Italiener nach Norden entlang der Mulberry Street bis in den purpurrot eingezeichneten Stadtteil der Franzosen an der Bleeker Street und am südlichen Teil der 5th Avenue vordringen und sich dann nach einer meilenlangen Unterbrechung in »Little Italy« in Harlem wiederfinden..."

Was aber wurde in diesen Städten aus den Hunden, die mit in den Einwanderern in die U.S.A. kamen? Bei Beckmann werden wir auch hier fündig:

„In den Vereinigten Staaten von Amerika, wie in den englischen Colonien werden in den größeren Städten schon seit längeren Jahren überall Rassehunde gezüchtet und Ausstellungen abgehalten, auf denen häufig englische Hunde concurriren. Für manche Rasse werden auch Preisrichter selbst vom Continent geladen und die höchsten Preise, welche je für Hunde gezahlt wurden, sind während der letzten Jahre in Amerika, namentlich für Bernhardiner, bewilligt worden. Eine interessante, vergleichende Zusammenstellung der Kopfzahl der verschiedenen Hunderassen, welche während der letzten zehn Jahre in New York ausgestellt waren, brachte eine amerikanische Sportzeitung in diesem Frühjahre (1895). Daraus ist ersichtlich, dass manche Rassen, welche in England nicht mehr besonders gesucht sind, jenseits des Ozeans noch eine Rolle spielen und umgekehrt. Nächst den Bernhardinern sind in Amerika (wie in England) die Collies, Barzois, Foxterrier und Toy-Spaniel die »fashionablen« Hunde."

Ein Wagenzug durchquert im Jahre 1882 die Wüste in Richtung Westen

Da es sich bei den vorher bezeichneten Hunden um die Rassen handelte, die auch in Europa auf den Schönheitsausstellungen gezeigt wurden, stellt sich natürlich die Frage nach den Hütehundschlägen, die mit in die U.S.A. gebracht wurden.

Der Weg nach Westen

Es ist wahrscheinlich, dass die Aussiedler, die ihre Schäferhunde mitbrachten, in ihrer Heimat vom Lande stammten und mit der Viehzucht verbunden waren. Diese Menschen hielt es deshalb nicht in den Städten, sondern es zog sie hinaus aufs Land, in Richtung Westen, wo sie sich eine glücklichere Zukunft erhofften. Mit ihrem ganzen Hab und Gut, manchmal nur auf Handkarren verstaut, machten sie sich auf den langen beschwerlichen Weg.

Im Jahre 1869 verabschiedete der Kongress der Nordstaaten, noch während des Sezessionskrieges, das sog. »Heimstättengesetz« (Homestead Act). Danach erhielten alle Siedler, die älter als 21 Jahre waren, das Recht, sich auf bis zu 160 Acres (ca. 65 ha) bundeseigenen Landes in noch unerschlossenen Terretorien der U.S.A. frei niederzulas-

Cowboys auf einer Ranch in New Mexico um 1870

Cheyenne/Wyoming - 1869
Mittelpunkt der Viehbarone im Kampf gegen die Homesteaders

sen. Hatten Sie den Boden fünf Jahre lang bewirtschaftet, konnten sie ihn für 1,25 $ / Acre erwerben. Das Gesetz begründete eine neue Landverteilungspolitik und trieb die Besiedelung des Westens durch kleine Farmer voran.

Am Ziel ihrer Expedition angelangt gründeten die Einwanderer kleine Farmen und betrieben auf ihrem eigenen Land Ackerbau und Viehzucht. Die mitgeführten Hütehunde hatten nun wieder das Aufgabengebiet, für das sie in ihrer europäischen Heimat ursprünglich gezüchtet und von ihren Besitzern gekauft worden waren.

Nach dem Ende des amerikanischen Bürgerkrieges setzte dann die wohl großartigste Entwicklung ein, die die amerikanische Geschichte bis dahin erlebte: Der einmalige Aufschwung der Viehwirtschaft (cattle trade).

Es entstanden die großen Städte wie Abilene, Dogde City und Wichita im Bundesstaat Kansas, Tombstone und Tuscon in Arizona oder Cheyenne in Wyoming. Hier versammelten sich nicht nur die »Cowboys«, sondern auch finstere Gestalten wie Spieler, Bordellinhaber und Revolverhelden, welche es auf den meist nur kargen Lohn der Viehhirten abgesehen hatten. Outlaws wie Billy the Kid, Wild Bill Hickock, Jesse James und ihre oft ebenfalls zwielichtigen Widersacher Wyatt Earp oder Pat Garrett sorgten für den Ruf vom »Wilden Westen«.

Viele Einwanderer, die keine eigenen Ländereien erwerben konnten oder aufgrund ihres eigenen Geschicks nicht als Farmer taugten, verdienten sich ihren Lebensunterhalt in der Viehwirtschaft zunächst als Tagelöhner - also als Viehhirten, den sog. »Cowboys«. Obwohl diese Berufsbezeichnung damals überhaupt nicht gängig war, hat sie sich bei uns, »Hollywood« sei Dank, gefestigt und jeder weiß was gemeint ist. Ebenfalls der Filmindustrie verdanken wir das romantische Bild, das wir uns von jenen Männern machen, die zwischen der Mitte und dem Ende des vorigen Jahrhunderts, im mittleren Westen der U.S.A. bei den großen Rinderherden ihre Arbeit taten. Für einen Monatslohn von nur 25,00 $ bis 40,00 $ und freier Kost, hatten sie einen Arbeitstag der Hitze, Regen, Staub und Schlamm mit sich brachte. Für ihre Arbeit standen ihnen 2-6 Pferde zur Verfügung, wobei das beste Pferd stets für die Nachtarbeit genommen wurde. Diejenigen, die einen Hund hatten und ihn sinnvoll für die Arbeit einsetzen konnten, erhielten meist ein Paar Dollars extra.

Im Jahre 1874 erhielt der amerikanische Farmer Joseph F. Glidden aus »Des

»Viehbarone« beim Zerschneiden des Stacheldrahtes um 1875

Kalb« in Illinois ein Patent für die Herstellung von Stacheldraht. Mit der Verwendung dieses Drahtes zur Einzäunung von Weiden wurde das Leben der Farmer im Westen grundlegend verändert.

Es kam zu blutigen Auseinandersetzungen zwischen den großen Ranchern und den kleineren Farmern, den sogenannten »Homesteaders«, denn letztere zäunten jetzt ihre Weiden und Wasserlöcher ein, um zum einen ihre eigenen Viehbestände zusammenzuhalten; andererseits um die »Viehbarone« daran zu hindern, weiterhin ihre Rinderherden unrechtmäßig auf ihrem Land weiden zu lassen bzw. sie durch dieses zu treiben.

Dieser Fehde konnte erst durch einen massiven Einsatz der »Texas-Rangers« ein Ende gemacht werden.

Als J.F. Glidden im Jahre 1876 die Qualität seiner Drähte auch gegenüber

Guthrie/Oklahoma im Jahre 1889

Oklahoma City im Jahre 1889

den besonders kräftigen »Longhorns« unter Beweis stellte, kam es zu einem regelrechten Stacheldraht-Boom, der auch die Viehbarone die Vorteile einer Einfriedung ihrer Ländereien erkennen ließ, was als Folge, Massenentlassungen bei den Cowboys nach sich zog. - Die Ära der Cowboys endete mit der weitgehenden Besiedelung und Einzäunung des Landes.

Eine grundlegende Änderung in der Viehhaltung trat ein und die Arbeit der Hütehunde gewann wieder an Bedeutung. Einen letzten Siedlungsboom gab es in den 80er Jahren mit einem dramatischen Höhepunkt 1889. Damals öffnete die US-Regierung das den Indianern auf »ewige Zeit« versprochene Territorium im späteren Oklahoma für die Besiedelung. Mehrere 100.000 Menschen nahmen innerhalb weniger Tage das 8.100 km^2 große Gebiet in Besitz.

Auch wenn noch riesige Flächen unbesiedelt blieben, es handelte sich dabei hauptsächlich um Prärie- und Bergland des mittleren Westens, wurde die Besiedelung im Jahre 1890 als zunächst abgeschlossen bezeichnet.

Vorangegangen war das fürchterliche Massaker am »Wounded Knee« im Jahre 1890, bei dem über 200 Sioux von Soldaten getötet wurden, die sich mit ihrem Widerstand gegen die Siedlungspolitik der Regierung aufgelehnt hatten.

Die Eisenbahnverbindungen, die seit den 80ern entstanden waren, sorgten für die Anbindung der West- an die Ostküste und damit für den Anschluss an die großen Viehmärkte in allen Teilen der U.S.A..

Die „Aussies"

Zu Beginn dieses Jahrhunderts importierten die Amerikaner, zur Veredelung einheimischer Zuchten, australische Schafe, die durch die klimatischen Verhältnisse in ihrer Heimat, anspruchsloser waren, als die im Osten vorwiegend gehaltenen europäischen Typen. Diese Maßnahme war nötig geworden, um die Landwirtschaft des mittleren Westen, mit seinen teils unwirtlichen landschaftlichen Verhältnissen, weiter voranzutreiben.

Die Schafe wurden von australischen Schäfern und deren Hunden begleitet. Schon beim Verlassen der Schiffe und auf den Viehmärkten beobachteten die amerikanischen Farmer mit Erstaunen, was die mitgebrachten »Aussies« (allgemein spaßiger Name für die Australier) leisteten. Sie waren intelligent, ohne Furcht, zäh und ausdauernd, dabei wendig und enorm schnell. Genau das waren die Hunde, die man auch hier brauchen konnte, zumal sich einige besonders für die Arbeit an Rindern eigneten. Vermutlich waren es die Vorfahren der heutigen Australian Cattle Dogs und Kelpies, die damals für das enorme Aufsehen sorgten.

Die Australian Cattle Dogs entstanden wahrscheinlich aus „Red Bobtails", „Blue merle Kurzhaarcollies" und „Dingos". Ob der Dingo allerdings bewusst in die friedlichen Collies eingekreuzt wurde, ist nicht bewiesen und m.E. auch fraglich. Bemühen wir dazu wieder einen Zeitzeugen. In „Brehms Thierleben" steht:

„Der Dingo findet sich fast in allen dichteren Wäldern Australiens. Er reicht beinahe über das ganze Festland und ist überall ziemlich häufig. Man hält ihn, und wohl mit Recht, für den schlimmsten Feind, welche die züchtenden Ansiedler überhaupt haben, und hat, um seine Räubereien zu steuern, schon mehrmals Kriegszüge gegen ihn unternommen. Ehe die Ansiedler regelrecht gegen diesen Erzfeind ihrer Herden zu Felde zogen,

verloren sie durch ihn erstaunlich viele Schafe. Man versichert, dass in einer einzigen Schäferei binnen drei Monaten nicht weniger als zwölfhundert Stück Schafe und Lämmer von den Dingos geraubt wurden. Größer noch als die Verluste, welche ein Einfall des Raubtieres unmittelbar zur Folge hat, sind die mittelbaren, weil die Schafe beim Erscheinen des Räubers wie unsinnig davonrennen, blind in die Steppe hinausjagen und dann entweder anderen Dingos oder dem Durste zum Opfer fallen. Außer den Schafen frisst der "Wildhund" Kängurus allerart und andere größere und kleinere Buschtiere. Er greift jedes lebende, eingeborene Tier mit unbeschreiblicher Gier und Wut an, fürchtet sich überhaupt nicht vor Haushunden. Hirten- oder Jagdhunde und Dingos leben in ewiger Feindschaft und verfolgen sich gegenseitig mit wirklich beispiellosem Hasse. Wenn mehrere Haushunde einen Dingo sehen, fallen sie über ihn her und reißen ihn in Stücke; das Umgekehrte ist der Fall, wenn ein verirrter Haushund von Dingos gefunden wird.

Doch kommt es auch vor, dass sich zur Paarungszeit eine Dingohündin zu

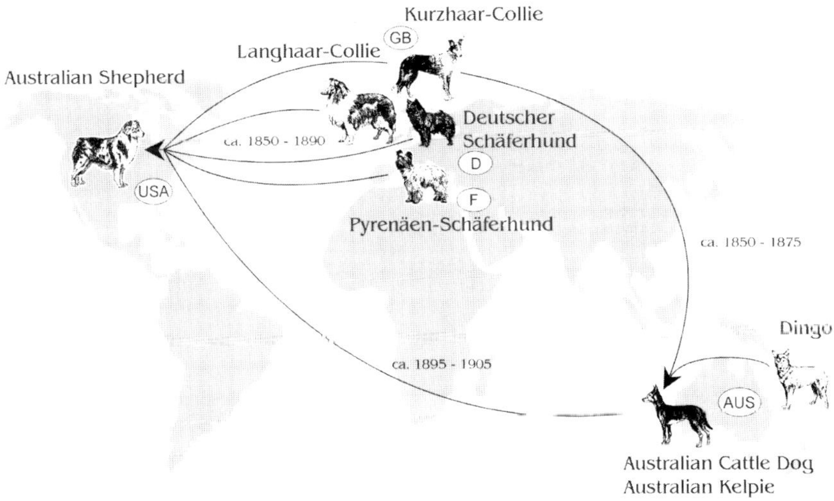

Der Australian Shepherd und die für seine Entstehung vermutlich ausschlaggebenden Hütehundrassen (Grafik von Ulrich Börner)

den Schäferhunden gesellt und sich mit diesen verträgt. Nicht selten kreuzt sich der Dingo mit zahmen Hündinnen. Diese bringen infolge dessen ein Gewölfe (altertümlich für "Wurf"), welches größer und wilder zu sein pflegt als alle übrigen Haushunde.

Vor dem Menschen nimmt der Dingo regelmäßig Reißaus, wenn dazu noch Zeit ist. Er zeigt auf der Flucht alle List und Schlauheit des Fuchses und versteht es meisterhaft, jede Gelegenheit zu benutzen; wird er aber von seinen Feinden hart verfolgt, und er glaubt nicht mehr entrinnen zu können, so dreht er sich mit einer wilden Wut um und wehrt sich mit der Raserei der Verzweifelung; doch sucht er auch dann noch immer, sobald wie möglich davonzukommen. Man versucht alles um den Dingo auszurotten. Man schießt ihn, fängt ihn in Fallen und vergiftet ihn mit Strychnin."

Soweit A.E.Brehm, aber auch Ludwig Beckmann äußerte sich 1894 zum Dingo:

"...müssen wir noch den australischen Dingo oder Warragal erwähnen, welcher den ersten Ansiedlern durch die unausgesetzten Niederlagen die er unter den Schafherden anrichtete, unglaublichen Schaden zufügte und in Folge dessen so eindringlich verfolgt wurde, dass er wohl fast als ausgerottet zu betrachten ist."

Die Welpen der „Cattle Dogs" werden weiß geboren und erhalten erst später die rote oder blaue Grundfarbe mit der charakteristischen Zeichnung, die entweder schwarz oder braun gefleckt bzw. gescheckt ist. Je nach Farbe wird er auch »Blue Heeler« oder »Red Heeler« genannt. In Australien, sowie in Teilen Amerikas gilt er bei den Viehzüchtern bis heute zu den begehrtesten Rinderhunden.

Der andere »Aussie«, der »Australian Kelpie«, entstammt wohl ebenfalls den kurzhaarigen Collies, aus dem die australischen Farmer ganz gezielt den für ihre Zwecke geeigneten Hund züchteten. Den Namen erhielt die Rasse im Jahre 1872 als eine Hündin mit Namen »Kelpie« den ersten in Australien abgehaltenen »Sheep Dog Trial« gewann. Ihre Nachkommenschaft nannte man einfach »Kelpies«. Die Arbeitsweise des Kelpie ist der des »Border Collies« sehr ähnlich.

Die Urväter?

Versetzt man sich in die Farmer und Viehzüchter der USA, die damals zum ersten Mal diese Hunde sahen, kann man ihre Begeisterung verstehen. Deshalb verwundert es auch nicht, dass sie die Blutauffrischung durch die »Aussies« für ihre Hunde ebenso gerne wahrnahmen, wie sie es für der Veredelung ihrer Schafe durch australische Importe taten.

Da sie sich nur selten auf den oft weit auseinanderliegenden Märkten trafen, versuchte jeder gutes Vieh zu kaufen, um die eigene Zucht zu verbessern und dadurch höhere Erträge zu erwirtschaften. Ein besonderes Vergnügen muss es den Viehzüchtern bereitet haben, mit ihren Hunden zu prahlen und um den besten Hund zu wetteifern. Dabei wurden häufig Welpen getauscht oder verkauft, Decksprünge ausgehandelt und Hündinnen angeboten. Dies alles geschah immer in der Hoffnung, sich beim nächsten Zusammentreffen mit noch besseren Hunden brüsten zu können.

So wurden alle möglichen Schläge miteinander verpaart, ohne Rücksicht auf Reinzucht oder Schönheit. Das Einzige, das für die Hundebesitzer zählte, war die Leistungsfähigkeit des Hundes, denn nur ein Hund der gute Arbeit leistete, war für die Farmer ein nützlicher Hund.

Erinnern wir uns, dass es die europäischen Schäferhundschläge waren, die von den Emigranten mitgebracht wurden und nun miteinander, bzw. deren Mischungen dann wieder untereinander, verpaart wurden. In der Hauptsache waren dies:

- *die Berger des Pyrénées*
- *die Rough- and smooth-coated Collies*
- *die deutschen Schäferhunde*

und später dann:

- *die Australian Cattle Dogs*
- *die Australian Kelpies*

Es ist leicht vorstellbar, dass es sich bei diesen »neuen Hütehundschlägen«, zunächst um eine kunterbunte Schar gehandelt haben muss, die sich hier und da eventuell etwas ähnelten. Regional hatte sich wahrscheinlich auch schon der eine oder andere einheitliche Typ herauskristallisiert, wobei einige Merkmale herausragten.

Dieses Foto stammt von ca. 1893. Es zeigt "George Washington Bush" den Gründer von Centralia, Washington mit einem Hund, der bereits wie ein Australian Shepherd aussieht.

(Foto: Oregon Historical Society)

Ein Beispiel für die vermutlich enge Verwandtschaft zwischen dem »Australian Shepherd« und dem »Border Collie«. Die hier abgebildete Hündin »Cories Cassandra«, ist ein reinrassiger, wenn auch nicht gerade typischer Border-Collie und kein Aussie. (Foto: Bockermann)

Den eigentlichen Durchbruch des »Australian Shepherds« datiert man erst auf die Zeit nach 1945, als sich die Hunde, die wegen einiger ihrer Vorfahren vom fünften Kontinent, »Aussies« genannt wurden, immer ähnlicher sahen.

Wer nun aber den »Löwenanteil« zu dieser Rasse beigetragen hat, lässt sich nicht mehr zurückverfolgen. Einige weisen dem »Berger des Pyrénées« einen großen Teil zu, andere behaupten, dass sich eindeutig der Collie durchgesetzt habe. Die Tatsache, dass es beim »Berger« in der Farbvererbung ähnlich ist, wie beim Australian Shepherd und dass es merlefarbene Tiere, sog. »Harlekine« mit »Glasaugen«, sowie den beim FaceRase-Typ vorkommenden natürlichen Stummelschwanz gibt, lässt ihn als einen der Stammväter in Frage kommen. Aber auch die äußere Ähnlichkeit zwischen Australian Shepherd und Border-Collie lässt auf einen gemeinsamen Ursprung schließen. Vergleichen Sie die Zeichnungen von Seite 45 mit einigen heute vorkommenden Borders und Aussies, so ist eine gewisse Ähnlichkeit durchaus vorhanden. Da Ludwig Beckmann diese Hunde vermutlich im Grenzgebiet England/Schottland zeichnete und dass vielleicht gerade aus dieser Gegend ein großer Teil der Einwanderer stammt, schließt sich der Kreis unserer Indizien.

Jedoch nicht nur das Äußere dieser beiden Rassen, sondern auch das »Interieur« nähren solche Vermutungen. Liegen doch in der »Rangfolge von Hunden nach Arbeits- und Gehorsamsintelligenz« von Stanley Coren, der Aussie und der Border neben acht anderen Rassen, in der höchsten Klasse, was die Intelligenzdimensionen der Hunde betrifft (siehe Kapitel 3). Dies ist ein weiterer Punkt, der auf die enge Verwandtschaft der beiden Rassen schließen lässt.

Aber noch etwas macht den »Collie« zu einem Favoriten in Sachen »Urväter«. Die außergewöhnliche Farbvererbung der blue merle Collies mit ihren blauen Augen, weißen Krägen und den kupfernen Abzeichen. Dazu berichtet Ludwig

Das Portrait einer Familie aus dem Jahre 1899, die in der Nähe von Salt Lake City, Utah, Schafe züchtete. Auf dem Foto sind auch drei Hunde abgelichtet, die dem heutigen Australian Shepherd sehr ähnlich sehen. Einer befindet sich auf dem Arm des zweiten Jungen von rechts, der Zweite zwischen dem Jungen und der dritten Person von rechts. Der dritte Hund "hängt" auf dem Felsen vor der zweiten und dritten Person von links.
(Foto: Wilson)

Dieses Foto entstand in der Zeit zwischen 1914 und 1918. Es zeigt einen Hund, dem von der britischen Armee ein Orden verliehen wurde. Da besonders gerne Schäferhundschläge für den Kriegsdienst verwendet wurden, liegt der Verdacht nahe, dass es sich hier um einen frühen Collie-Schlag handelte. Eine Ähnlichkeit zum Aussie ist durchaus vorhanden, besonders durch die Farbgebung. Es scheint ein merlefarbener Hund mit weißen und kupfernen Abzeichen zu sein.

Beckmann vor über 100 Jahren folgendes: *"...am beliebtesten ist gegenwärtig blaugrau (blue-muir) mit gelben Abzeichen und etwas weiß. Diese Färbung bedingt eigentlich Glasaugen (wall-eyed), welche nach meiner Ansicht dem Hund viel Anziehendes geben und den Schäferhundtypus noch mehr hervorheben."*

Die »Australier«, die ja Namensgeber für den »Aussie« sind, schlagen äußerlich nicht durch. Allerdings lässt die Fähigkeit des Australian Shepherds, Rinder durch Kneifen in die Ferse vorwärts zu treiben, einen Einfluss des »Queensland Heelers« vermuten.

- Ist der Australian Shepherd also eine gelungene Mischung aus »Ur-Berger des Pyrénées« und »Ur-Collies« mit einer guten Prise »Ur-Australian Cattle Dog« und einem Hauch »Ur-Kelpie«? -

Niemand wird diese Frage je beantworten können. Ich wage totzdem eine Theorie, mit der, so glaube ich, wir bestens leben können:

„Der »Aussie« ist deshalb so ein wunderbarer Hund, weil alle an ihm beteiligten Rassen etwas dazu gegeben haben - und zwar jeder nur seine besten Eigenschaften."

Der Durchbruch

In den 50er und 60er Jahren schaffte der Australian Shepherd dann endlich den Durchbruch in den U.S.A. Ein Varietékünstler, Jay Sisler aus Emmett in Idaho, zog mit einer Hundedressur kreuz und quer durch die Vereinigten Staaten und Kanada. Auf den Rodeos waren seine Darbietungen sehr beliebt und die Zuschauer, darunter natürlich auch Viehzüchter, bewunderten die Fähigkeiten seiner Hunde. So blieb es nicht aus, dass Sisler immer wieder nach der Herkunft seiner Hunde befragt wurde, bis er sich schließlich entschloss, einige Würfe zu züchten und zu verkaufen. Seine Rüden »Keeno« und »Tuscon´s Joe« stellte er während seiner Reisen vielen Schafzüchtern zum Decken der eigenen Hündinnen, gegen angemessenes Entgelt, zur Verfügung.

Der Grundstein für die gezielte Reinzucht von Australian Shepherds war gelegt. Die Gründung entsprechender Vereine und Clubs, die sich diesen Hunden verbunden fühlten, ließ nicht lange auf sich warten.

Jay Sisler mit "Sisler's Shorty" (li.) und seinem Bruder "Sisler's Stub"(re.) (beide Keeno ∞ Blue Star)

Die Zuchtvereine

Im Juni 1957 wurde in Tuscon, Arizona, der Australian Shepherd Club of America (ASCA) gegründet. Die Registrierung der Hunde wurde im gleichen Jahr allerdings in die Hände des International English Shepherd Registry (IESR), mit Sitz in Indiana, gegeben.

1958 entstand im Bundesstaat Colorado der »Mountains and Plains Blue Australian Shepherd Club«.

In Kalifornien formierten sich mehrere kleinere Clubs, unter anderem die »International Australian Shepherd Association of America« (IASA).

1972 eröffneten die zwei größten Zuchtvereine, der Australian Shepherd Club of America und die International Australian Shepherd Association ihre Zuchtbücher.

1976 wird der Australian Shepherd in Mexiko und in Kanada als Rasse anerkannt.

Ende 1977 waren bei dem ASCA schon über 6.000 Hunde eingetragen.

Das Emblem des ASCA

Beide Vereine veranstalteten Ausstellungen und Gehorsamsprüfungen, der ASCA auch Arbeitsprüfungen. 1976 wurde ein gemeinsamer Rassestandard erarbeitet, und 1980 schlossen sich die beiden Institutionen unter dem Namen **»Australian Shepherd Club of America, Inc.«**[1] zusammen. 1991 gab der ASCA bekannt, das in seinem Zuchtbuch mittlerweile 60.000 Tiere registriert seien.

Viele Aussie-Besitzer der U.S.A. ließen früher ihre Hunde ausschließlich bei der **»National Stock Dog Registry«** (NSDR) eintragen, da man dieser Vereinigung die größeren Fachkenntnisse in Bezug auf Arbeitshunde zusprach. Heute wird dies in aller Regel nicht mehr so praktiziert. Der ASCA hat sich längst etabliert und ist in allen Belangen ein kompetenter Ansprechpartner.

Im gleichen Jahr, also 1991, eröffnete der »American Kennel Club«[1], die führende amerikanische Hundezüchtervereinigung, ein Zuchtbuch für den Australian Shepherd. Diese Tatsache, sollte der Zucht des Aussies neuen Auftrieb geben, hatte doch mit dem AKC einer der drei wichtigsten kynologischen Organisationen der Welt dem »Australian Shepherd« seine Aufwartung gemacht.

Doch das Echo auf dieses für die Rasse so wichtige Ereignis, war nicht nur positiv. Gibt es doch Züchter, die zwar die Anerkennung durch den AKC begrüßen, aber dennoch vermuten, dass es z.B. bei den »Herding Dog Trials« zu einer Verschlechterung der Zucht kommt, weil die Wettbewerbsregeln des AKC nicht so streng sind wie die des ASCA. darüber hinaus befürchten sie, dass die Rasse ihre Hüteinstinkte verliert, wenn die Zucht nicht auf deren Erhaltung einwirkt.

Des Weiteren werfen sie dem American Kennel Club vor, dass er sein Schwerpunktprogramm für den Australian Shepherd, auf den Bereich Conformation, also Schönheitskonkurrenzen, und Obedience, also Gehorsamsprüfungen, legt.

Andere, etablierte Züchter der U.S.A. haben die Möglichkeiten, die sich ihnen jetzt bieten, erkannt und lassen mittlerweile ihre Hunde dreifach registrieren. Nämlich bei NSDR, ASCA und AKC.

Das Emblem des AKC

Trotz der Zuchtbucheröffnung des AKC, oder vielleicht auch gerade deshalb, erhielt der ASCA einen enormen Zulauf. Dies ist ein Zeugnis dafür, dass die Rasse mit zu den beliebtesten Familien- und Arbeitshunden in den Vereinigten Staaten gehört und auf dem besten Wege ist, dies auch in Deutschland zu werden.

Der ASCA als größter Rassezuchtverein für Aussies stellte nie einen Antrag auf Anerkennung der Rasse bei der FCI, wohl aus Furcht vor reiner Schönheitszucht ohne Rücksichtnahme auf die besondere Leistungsfähigkeit der Hunde, vielleicht aber auch, weil ihm das Rassebild bis vor ein paar Jahren noch nicht einheitlich genug erschien.

Den Schritt in Richtung FCI tat dann ein weitaus kleinerer Verein. Der ASCS - Australian Shepherd Club Switzerland beantragte und erkämpfte mit Erfolg die Anerkennung des Aussie durch den größten Zuchtverband der Welt. Für den Aussie sollte dieser Vorgang ein weiterer Meilenstein in seiner Zucht sein.

Im Juni 1996 erkennt die **»Fédération Cynologique Internationale«**[1] den Australian Shepherd anlässlich der Welthunde-Ausstellung in Wien als Rasse an. Sie ist der Verband, der selbst keine Zuchtbücher führt, sondern dies, von den ihr angeschlossenen nationalen Zuchtvereinen erledigen lässt und das in über 70 Ländern der Welt.

Die FCI übernahm weitgehend den Rassestandard des AKC. Die Unterschiede zum ASCA sind relativ gering und werden im Kapitel 3 erwähnt.

Das Emblem der FCI

Der Aussie in Deutschland und in der Schweiz

In Deutschland und in der Schweiz gibt es begeisterte Westernreiter, die das sportliche Reiten im Westernstil mit Quarter Horses, Paints und Appaloosas betreiben. Sie beziehen ihre Pferde, Sättel und das nötige Zubehör aus den USA und lernten dort die auf den Ranches lebenden Aussies kennen und lieben.

So wurden im Laufe der letzten Jahre einige Hunde importiert, die hierzulande auf großes Interesse stießen, besonders bei den zahlreichen Besuchern der Westernreitturniere. Mittlerweile sind viele »Nicht-Westernreiter« zu Besitzern eines Australian Shepherd geworden, was nicht zuletzt den deutschen und schweizer Clubs zu verdanken ist.

Das Emblem des ASCD

Das Emblem der ASAG

In Deutschland, ist der im Jahre 1988 gegründete **»Australian Shepherd Club Deutschland e.V.«**[1] zum autorisierten Ansprechpartner geworden. Der ASCD hat sich in der kurzen Zeit seines Bestehens besonders intensiv für die Aussies in Deutschland eingesetzt. Er ist der offiziell vom ASCA anerkannte Zuchtverein in Deutschland.

Mit Informationsveranstaltungen, Hüteseminaren u.a. mit der bekannten amerikanischen Züchterin Jeanne Joy Hartnagle, bis hin zu den Conformation-Shows seit Juli 1993, welche weltweit die einzigen außerhalb Nordamerikas sind, machte er auf sich aufmerksam. Die letztgenannten Shows sind ein fester Bestandteil im Programm des Clubs geworden.

[1]Alle Kontaktadressen finden Sie im Kapitel 5 - Nützliches.

Er hat sich zur Aufgabe gemacht, die Reinzucht des Australian Shepherd zu fördern und gemäß dem ASCA-Rassestandard dazu beizutragen, dass es sich bei der Zucht um eine Verbesserung bzw. die Erhaltung des erreichten Niveaus handelt. Insbesondere geht es dem ASCD um die Ausmerzung und Vermeidung von Erbkrankheiten, deshalb legt er besonderen Wert auf die »HD- und PRA-Vorsorgeuntersuchungen« der Hunde. darüber hinaus sorgte er auch dafür, dass der einstige »Begleithund des Westernreiters«, in Deutschland zum Freizeitpartner vieler aktiver Familien wurde.

Im Frühjahr 1994 gründete sich die ASAG, die **»Australian Shepherd Association Germany«**[1]. Der Zusammenschluss einiger aktiver Aussie-Freunde wurde zum Verein, der seinen Mitgliedern die Möglichkeit eröffnen will, aktiv mit ihren Hunden, z.B. an Schafen, zu arbeiten. Dies wird durch ein abwechslungsreiches Programm erreicht, das über ein ganzes Jahr verteilt ist und z.B. Agility-, Hüte-, und Trick-Dog-Seminare sowie Kurse zur Ausbildung eines Companion-Dog (Begleithund) vorsieht. Regelmäßige Treffen bei denen man Informationen und Erfahrungen mit gleich-

Bei Veranstaltungen, wie »Plauderwochenende« oder »Aussie Treffs«, so wie hier am 31.März 1996 in Fischbach/Sinkingen im Schwarzwald, kommt es immer wieder zu den allseits beliebten sogenannten »Familienzusammenführungen«. In diesem Fall bei »Chansey's Blue Sand« (2.v.l. leider verdeckt) mit einem Teil ihrer bisher 19-köpfigen Nachkommenschaft. *Foto: Börner*

gesinnten Leuten austauschen kann, stehen ebenfalls auf dem Programm.

Wer innerhalb der ASAG züchten möchte, muss sich seit Juni 1996 an die »Grundbedingungen zur Zucht in der Australian Shepherd Association Germany« halten. Obwohl sich die ASAG selbst nicht als Zuchtverein bezeichnet, will sie damit erreichen, dass es sich bei den von Vereinsmitgliedern gezogenen Hunden, um intelligente, gesunde und widerstandsfähige Aussies handelt, die in allen Punkten dem Rassestandard des ASCA entsprechen. Über einen Beitritt zum VDH, denkt man bereits nach.

Interessant ist auch, dass neben den Aussies auch Besitzer von »Australian Cattle Dogs«, sowie hundelose Menschen Mitglieder in der ASAG sind.

In der Schweiz ist der autorisierte Club der ASCS, der **»Australian Shepherd Club Switzerland«**[1].

Er wurde im November 1991in Aarau ins Leben gerufen. Seine Ziele sind die Reinzucht des Australian Shepherds in der Schweiz, gemäß dem Rassestandard des FCI und die Vermittlung von Informationen und Kenntnissen an Mitglieder und Interessenten, betreffs Zucht, Anschaffung, Haltung und Pflege, sowie Erziehung und Ausbildung des Australian Shepherds, besonders als aktiver Hütehund, unter Beachtung der Tierschutzgesetze in der Schweiz zu fördern. Das Hauptanliegen des ASCS ist, durch Veranstaltungen verschiedenster Art, die Ausbildung des Aussies zu fördern um dazu beizutragen ihn als Arbeitshund zu erhalten.

Das Emblem des ASCS

Er erlässt die Zuchtbestimmungen und Kontrollvorschriften für die Eintragung von Aussies in das schweizerische Hundestammbuch (SHSB). Die Zucht innerhalb des ASCS unterliegt somit dem Rassestandard des FCI. Der ASCS ist Mitglied des SKG, der vergleichbar mit dem VDH in Deutschland ist. Dadurch kann der Aussie in der Schweiz ohne jede Einschränkung an allen SKG-Arbeitsprüfungen teilnehmen und auf Ausstellungen den offiziellen Titel »Schweizer Schönheits-Champion der SKG« erringen.

Kapitel 3

Anatomie und Rassestandard

- Die Schaffung der Grundlagen
- Allgemeines
- Das Interieur
- Der Kopf
  - Allgemeines
  - Gebiß
  - Augen
  - Nase
  - Ohren
- Das Gebäude
  - Hals und Rücken
  - Schultergliedmaße
  - Beckengliedmaße
- Das Fell
- Die Farben
- Die Gangarten
- Die Größe
- Ausschlüsse
- Original-Rassestandard - ASCA
- Original-Rassestandard - AKC
- Original-Rassestandard - FCI

Die Schaffung der Grundlagen

„Welche Voraussetzungen soll ein optimaler Australian Shepherd erfüllen?"

Genau diese Frage stellten sich die Richter und Züchter des Australian Shepherd Club of America (ASCA) im Jahre 1975. Es war an der Zeit einen ausführlichen Rassestandard schriftlich zu fixieren, nach dem in Zukunft alle Aussies bewertet werden sollten.Ein Ausschuss, bestehend aus den erfolgreichsten Züchtern, Richtern, Hundeführern und Veterinären der USA, unter der Leitung von Dr.vet. Robert O. Kline, erarbeitete einen Rassestandard der bis heute Gültigkeit besitzt. In diesem Standard wurden mit Akribie, unter Berücksichtigung von anatomischer und phy-

»Pebbles Of Blakwood« *(female, blue merle/w/c, * 31.08.1989)*
(Andy Of Flachsberg ∞ Freckle Girl)
Züchter: Francois Roesch
Besitzer: Lorna Lange-Fleckenstein, Bietingen
Foto: Lange-Fleckenstein

siologischer Beschaffenheit, die Richtlinien zur Beurteilung von Anatomie und Bewegungsablauf festgelegt.

Im **November 1975** wurde auf der Jahreshauptversammlung des ASCA in Phoenix, Arizona über den erarbeiteten Maßstab abgestimmt. Lediglich der Abschnitt "Farbe" musste umgeschrieben werden. Danach wurde der Rassestandard für die Beurteilung von Australian Shepherds einstimmig angenommen und als Datum für das Inkrafttreten der **15. Januar 1977** festgelegt.

Am **24.Juli 1996** wurde der Australian Shepherd auf Bestreben des **ASCS** (Australian Shepherd Club der Schweiz) durch die FCI (Fédération Cynologique Internationale), anlässlich der World-Dog Show 1996 in Wien, als Rasse anerkannt. Er erhielt die **FCI-Standard Nr. 342 / 1.1.** Der Standard wurde in Anlehnung an den **AKC**-Standard formuliert und unterscheidet sich vom ASCA-Standard nur in wenigen Punkten. Ich werde an entsprechender Stelle darauf verweisen. (Siehe auch Seite 112ff.)

Aus dem Inhalt:

Der Australian Shepherd ist ein gut ausgewogener Hund, von mittlerer Größe und normalem Knochenbau. Er ist aufmerksam und lebhaft, kräftig und ausdauernd, kombiniert mit außergewöhnlicher Beweglichkeit.

Etwas länger als hoch, hat er ein Fell von mittlerer Länge, bei dichter Unterwolle. Durch seine Vielfältigkeit in Zeichnung und Färbung ist jeder Hund ein unverwechselbares und einzigartiges Exemplar. Sein Gang ist ausbalanciert, weich und gleichmäßig , zeugt von großer Behendigkeit und Leistungsfähigkeit.

Er arbeitet lautlos und schnell. Der Australian Shepherd ist intelligent und eifrig, dabei ausdauernd mit ausgeprägten Hüte- und Beschützerinstinkten. Er ist ein treuer Begleiter, vielseitig, leicht zu begeistern und zu erziehen. Er ist vorsichtig im Umgang mit Fremden, dabei aber nicht scheu, sondern durchaus verteidigungsbereit. Der Aussie ist ein menschenfreundlicher Hund, geduldig und brav mit Kindern - ein idealer Hausgenosse.

Die ausschließlich anerkannten Farben sind blue merle, red merle, solid black und solid red. Alle Farben dürfen weiße und/oder kupferne Abzeichen haben.

Die zu bevorzugende Größe liegt bei Rüden zwischen ca. 51 cm (20 inches) bis ca. 58 cm (23 inches), bei den Hündinnen zwischen ca. 46 cm (18 inches) und ca. 53 cm (21 inches).

Ob bei der Arbeit mit dem Vieh oder einfach als Familienhund - der Australian Shepherd ist seinem Herrn immer loyal zur Seite und ein verlässlicher Begleiter. -

Doch gehen wir nun etwas detaillierter auf die Rassebeschreibung ein.

Um eine bessere Übersicht zu erhalten teilen wir in folgende Bereiche auf:

- *Allgemeines*
- *Das Interieur*
- *Der Kopf*
  - *Allgemeines*

*»**Exquisita's Candy**« (female, red/w/c, * 27.12.1994)*
(Blackwood's Yellow Foot Paco ∞ Creek Ranch Brown Sugar)
Züchter: Marga Lunz, Lonnerstadt
Besitzer: Martin Leicht
Foto: Leikauf

»Blackwood's Yellow Foot Paco« *(male, black/w/c, * 26.04.1992)*
(CH Legacy's Leader Of The Band ∞ Legacy Let Freedom Ring)
Züchter: Francois & Suzanne Roesch
Besitzer: Hanny Deckert, Tübingen
Foto: Börner

  - *Gebiß*
  - *Augen*
  - *Nase*
  - *Ohren*
- *Das Gebäude*
  - *Hals und Rücken*
  - *Schultergliedmaße*
  - *Beckengliedmaße*
- *Das Fell*
- *Die Farben*
- *Die Gangarten*
- *Die Größe*
- *Ausschlüsse*

Allgemeines

Zunächst wurde festgelegt zu welcher Art Hund der Australian Shepherd gehört. Er ist gut proportioniert, von mittlerer Größe, gehört somit zu den Caniden, die weder sehr klein sind, noch zu Gigantismus neigen. Der ideale Australian Shepherd hat weder außergewöhnliche Eigenschaften, noch ungewöhnliche Defekte, befindet sich stets in einem harmonischen Gleichgewicht, sowohl ruhend als auch in der Bewegung. Mit seinen Kräften versteht er hauszuhalten. Er ist kräftig und ausdauernd, dabei leichtfüßig, flink und athletisch. Der Aussie ist durch und durch ein Arbeitshund, niemals lästig oder aufdringlich. Die Vielfalt und Individualität in Farbe und Zeichnung sind eindeutig Besonderheiten des Australian Shepherds.

Charakteristisch ist der Stutzschwanz. Die Welpen werden allerdings mit allen Schwanzlängen geboren, vom »Natural Bobtail« also dem natürlichen Stutzschwanz (der nicht länger als 4 Inches lang sein darf), bis zur Vollrute. Um ein einheitliches Bild zu schaffen, einigte man sich 1975 auf den Stutzschwanz. In rd. 85% aller Würfe kommen die Welpen auschließlich mit einer Vollrute zur Welt, diese sollte dann in den ersten Lebenstagen kupiert werden.

Rüden und Hündinnen heben sich eindeutig voneinander ab. Der männliche Australian Shepherd ist in der Regel größer und kräftiger als die Hündin. Die Beckenpartie ist beim Rüden im Verhältnis zum Vorderkörper schmaler als beim weiblichen Aussie. Die Behaarung des männlichen Hundes ist besonders im Nacken, an der Brust, am Unterkörper und an den Hinterläufen länger. Das Gebiss des Rüden zeichnet sich durch größere Eckzähne aus. Die männlichen Australian Shepherds sind meist energischer, wilder und selbständiger. Die Hündin ist folgsamer, anhänglicher aber auch leichter reizbar. Sie entwickeln sich meist schneller und sind früher fortpflanzungsfähig.

Das Interieur

Die Intelligenz des Australian Shepherds ist in seinem Blick zu sehen. Dieser soll wach und scharf, von fragender Neugierde und durchdringend bei der Arbeit sein. Er soll der Beschützer seines Herrn, dessen Familie und deren Hab und Gut sein, der unter Umständen drohend, aber nie feindselig ist. Bösartigkeit (grundlose, willkürliche Angriffe), Unaufrichtigkeit oder pflichtvergessene Anlagen sind unerwünscht, weil sie zur Unberechenbarkeit im Umgang mit Menschen und auch bei der Hütearbeit führen.

Im Jahre 1994 beschreibt der Psychologe und Hundetrainer Stanley Coren in seinem Buch »Die Intelligenz der Hunde« wie mit Hilfe von 208 Punktrichtern des American und Canadian Kennel Club eine »Rangordnung der Rassen nach Arbeits- und Gehorsamsintelligenz« erarbeitet wurde. Diese Experten, alle in den »Gehorsamsprüfungen für Begleithunde (Companion Dogs)« tätig, stuften unabhängig voneinander, 79 Hunderassen in 6 Klassen ein. Dazu diente ein ausführlicher Fragebogen, den es auszufüllen galt. Darüber hinaus fügten einige Befragte noch zusätzliche Notizen hinzu, so dass zum Schluss sehr aussagekräftiges Material zur Auswertung vorlag. Dabei war eine auffallende Übereinstimmung festzustellen, was den Schluss nahe legte, dass es sich bei den gewonnenen Daten um äußerst zuverlässige Aussagen handelte. Stanley Coren:

„In der obersten Klasse stehen die klügsten Hunde, was Arbeits- und Gehorsamsintelligenz angeht. Die meisten Hunde dieser Rassen werden schon nach weniger als fünf Wiederholungen ein Verständnis einfacher neuer Befehle erkennen lassen und sich ohne erkennbaren Übungsbedarf an diese neuen Gewohnheiten erinnern. Sie gehorchen dem von ihrem Führer gegebenen Befehl in 95 Prozent der Fälle oder noch öfter. Überdies reagieren sie schon Sekunden nach der Äußerung eines Befehls, selbst wenn sich der Eigentümer in einiger Entfernung befindet. Was diese Intelligenzdimensionen betrifft, sind dies eindeutig die »Spitzenrassen«. Sie scheinen selbst bei unerfahrenen oder

Aussies sind sehr musikalisch !
Foto: Savage

relativ ungeeigneten Ausbildern gut zu lernen." Unter den zehn Rassen in dieser Klasse befinden sich die folgende Hütehunde:

„Border Collie, Deutscher Schäferhund, Shetland Sheepdog und Australian Shepherd."

Soweit das Exterieur der Australian Shepherds. Wenden wir uns nun dem Äußeren, dem Exterieur, zu.

Der Kopf

- Allgemeines

Anatomie :

Der Schädel ist das Skelett des Kopfes. Es wird in den Hirnschädel (Cranium) und den Gesichtsschädel (Facies) gegliedert. Der Kopf beherbergt und schützt das Gehirn und die Sinnesorgane, also Ohren, Augen und die Nase.

*»Curly v.d. Peppy's Tino Ranch« (male, black/w/c, * 13.12.1993)*
(Bonacker's Chiparopay ∞ Casey von Flachsberg)
Züchter: Thomas & Ute Hoppe, Horneburg
Besitzer: Uwe Brocks, Bochum
Foto: Löhr

*»Creek Ranch Brown Sugar« (female, red merle/w/c, * 28.03.1992)*
(Billy Bob's Berry ∞ Jenny Phillips Lady)
Züchter: Heike Spanuth
Besitzer: Marga Lunz, Lonnerstadt
Foto: Leikauf

Standard :

Gerade der Kopf eines Australian Shepherd lässt oft auf die züchterische Herkunft eines Tieres schließen. Jede Blutlinie hat ihre eigenen markanten Merkmale in Bezug auf Zeichnung des Gesichtes, Kopfform sowie Stellung der Ohren und Augen. Allerdings sind diese Abweichungen zwischen den Zuchtrichtungen nicht allzu gravierend, darum annehmbar und charakteristisch für die Rasse. Der Kopf des Australian Shepherd soll klar skizziert und gut geformt, frei von überflüssiger oder lockerer Haut, ohne Fettpolster, herabhängende Lippen und/oder einem sichtbaren dritten Augenlid sein. Die Lippen sollen wulstig sein und nicht hängen. Zu tief herabhängende Lefzen sind nicht erwünscht, da sie bei der Arbeit von Hufen oder Hörner zerrissen werden könnten. Die Haut soll besonders um die Augen herum gut passen, um diese vor Schmutz, Dornsträuchern, oder Zweigen zu schützen. Die Länge und Breite des Kopfes soll im Verhältnis zum Körper, das Gleichgewicht, die Symmetrie und das kompakte Erscheinungsbild des Australian Shepherds unterstreichen. Die Proportionen der Gebeine in Relation zum Kopf sollen ausreichend stämmig und mit angemessener Muskulatur versehen sein.

Der Oberkopf soll flach bis leicht gerundet, seine Länge und Breite der Länge seiner Schnauze entsprechen, welche in der Proportion zum Schädel nicht zu lang oder zu kurz sein sollte. Sie soll sich von der Wurzel an leicht verjüngen und in einer gerundeten Spitze enden. Der Stop ist nicht sehr stark ausgeprägt aber doch deutlich. Grundsätzlich ist der Kopf des Australian Shepherds anatomisch genauso gestaltet wie der des Wolfes.

- Gebiß

Anatomie :

Am Gebiß des Ober- und Unterkiefers können die einzelnen Zähne anhand der Zahnformel bestimmt werden. Diese leitet sich vom vollzähligen Säugetiergebiß mit vierundvierzig Zähnen ab, das unter den Haussäugern nur beim Schwein komplett ist.

$$\text{Milchgebiß} = \frac{\text{iiicopppooo0}}{\text{iiicopppooo}}$$

$$\text{Dauergebiß} = \frac{\text{IIICLPPPMM0}}{\text{IIICLPPPMMM}}$$

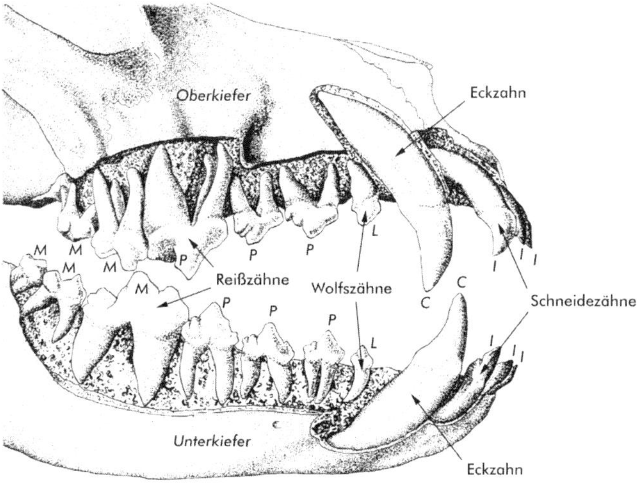

Vollständiges Dauergebiß (Scherenbiß)

Über dem Querstrich stehen in der Zahnformel die Zähne des Oberkiefers, darunter die Zähne des Unterkiefers. Die Symbole für die Milchzähne (Dentes decidui, insgesamt 28 Stück) werden in Kleinbuchstaben geschrieben. Kleine Nullen (o) symbolisieren, dass an dieser Stelle im Dauergebiss Zuwachszähne stehen. Große Nullen bedeuten absolut fehlende Zähne beim Hund. Dagegen sind die bleibenden Zähne (Dentes permanentes, insgesamt 42 Stück) entweder Ersatzzähne, also Zähne die die Milchzähne ersetzen, oder Zuwachszähne, die keine Milchzahnvorgänger besitzen.

Die Schneidezähne (Dentes incisivi) des Oberkiefers sind größer als die Unterkieferschneidezähne. Im Oberkiefer besteht zwischen dem dritten Schneidezahn und dem Eckzahn (Dens caninus) eine deutliche Zahnlücke (Distema), die im Unterkiefer zwischen C und L liegt.

Der Wolfszahn (Dens lupinus) ist der erste Vormahlzahn (Dens praemolaris). Er besitzt ebenso wie die Schneidezähne und Eckzähne nur eine Wurzel. Die übrigen drei Vormahlzähne (Dens praemolares) sind schneidende Zähne und besitzen je zwei Wurzeln. Eine Ausnahme bildet nur der kräftigste Zahn im Oberkiefer, der Reißzahn (Dens sectorius), der drei Wurzeln besitzt.

Der Reißzahn des Unterkiefers dagegen, ist der erste Mahlzahn. Die Mahlzähne (Dentes molares) haben Quetsch-

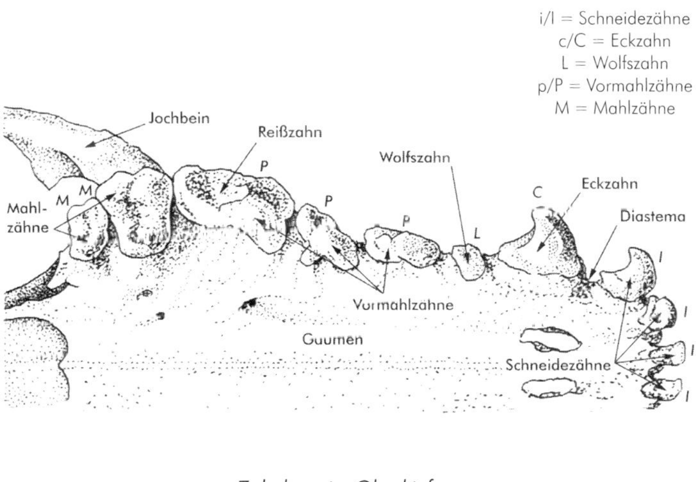

Zahnlage im Oberkiefer

Unterschiedliche Augenfarben sind kein Fehler, sondern eine Besonderheit in der Zucht der merlefarbenen Aussies.

flächen. Sie sind im Oberkiefer dreiwurzelig und im Unterkiefer zweiwurzelig. Zahnwechsel und Zahnabnutzung erlauben eine annähernde Altersbestimmung des Tieres (Zahnalterschätzung). Dabei sind die Kriterien rassen- und haltungsabhängig. Für den Zahnwechsel gelten folgende ungefähre Daten:

bis 3. Woche	: zahnlos
ab 6. Woche	: vollständiges Milchgebiss
ab 3. Monat	: Beginn des Schneidezahnwechsels
ab 6. Monat	: vollständiges Dauergebiss

Standard :

Beim Australian Shepherd ist der Scherenbiss ein wichtiges Indiz für eine einwandfreie Kieferstellung. Der Scherenbiss umfasst Ober- und Unterkiefer mit allen Zähnen (Schneidezähne, Eckzähne bzw. Fangzähne und Backenzähne), sie greifen bei geschlossenem Maul ineinander. Die Oberkieferschneidezähne stehen etwas rostral vor den Unterkieferschneidezähnen. Die korrekte Gestaltung des Maules und des Gebisses sind Vorraussetzung für einen gesunden Arbeitshund.

Der Australian Shepherd muss in der Lage sein, im Lauf zuzupacken und das Vieh durch zwicken in die Ferse vorwärts zu treiben. Der Scherenbiss ist u.a. von Natur nötig, um Fleischreste und Haut von Knochen zu nagen, sowie zur Fellpflege. Nach der Geburt eines Welpen ermöglicht er der Hündin das Öffnen der Fruchtblase und das Durchtrennen der Nabelschnur.

Unterbiss und Überbiss >1/8" (~3,2 mm) sind Stellungsanomalien und führen zum Zuchtausschluss. Das Zangengebiss, bei dem Ober- und Unterkieferschneidezähne genau übereinander stehen, sind als Fehler zu bewerten.

Zähne und Form des Kiefers sind ein Spiegelbild des Skeletts, darum lassen angeborene Inkorrektheiten des Gebisses fast immer auf Defekte des Knochenbaues schließen. Sind die Zähne jedoch weiß, kräftig und gut strukturiert, darf man davon ausgehen, dass auch die Gebeine des Tieres in Ordnung sind. Zerbrochene, oder gar durch einen Unfall verlorene Zähne, dürfen bei der Beurteilung eines Hundes nicht zu einer Abwertung führen. Schließlich ist der Austra-

*»**Phillips' Freckled Murphy**« (male, blue merle/w, * 20.02.1992)*
(Phillips' Billy Bob ∞ Phillips' Sissy Ruff)
Züchter: Anne & Randy M. Phillips, Velbert-Langenberg
Besitzer: Rita & Ulrich Börner, Witten
Foto: Börner

lian Shepherd ein Arbeitshund, dessen Werkzeug nunmal sein Gebiss ist.

- Augen

Anatomie :

Funktionell kann das Auge mit den fünf Hauptbestandteilen einer Fotokamera verglichen werden.

a.) Die Augenlider (obere A.-Palpebrae superior, untere A.- Palpebrae inferior) bewirken den Lidschluß und entsprechen dem Objektivschutz der Kamera.

b.) Die äußere Augenhaut (Tunica fibrosa bulbi) besteht aus der Lederhaut (Sclera) und der Hornhaut (Cornea). Sie ist formgebend und enspricht dem Kameragehäuse mit der Hornhaut als Frontlinse.

c.) Die Regenbogenhaut (Iris) entspricht der Irisblende einer Fotokamera. Sie gehört zur mittleren Augenhaut und liegt an der Vorderseite der Linse, wo sie das Sehloch (Pupilla) freilässt und den Lichtdurchtritt regelt. Die Rückseite der Regenbogenhaut ist von stark pigmentierten Zellgewebe überzogen.

d.) Der Strahlenkörper (Corpus ciliare) ist ebenfalls Bestandteil der mittleren Augenhaut und bildet eine ringförmige Wulst um die Linse. Diese kann sich zusammenziehen und dadurch auf die Form der Augenlinse einwirken. Dieser Vorgang ist vergleichbar dem Scharfstellen an einem Kameraobjektiv.

e.) Die innere Augenhaut (Tunica interna bulbi, Retina) besteht aus 10 Schichten und trägt in der 9. Schicht, von innen gezählt, die Photorezeptoren (95% Stäbchen und 5% Zapfen) und ist deshalb mit dem Film (Bildträger) vergleichbar.

Funktion :

Entgegen der landläufigen Meinung, haben Hunde außerordentlich gute Augen, die sich jedoch vom menschlichen Auge beträchtlich unterscheiden. Lange Zeit hat man angenommen, Hunde seien farbenblind und lebten in einer reinen Schwarz-Weiß-Welt. Inzwischen weiß man aber, dass das nicht der Fall ist. Allerdings haben Farben keine besondere Bedeutung für den Hund.

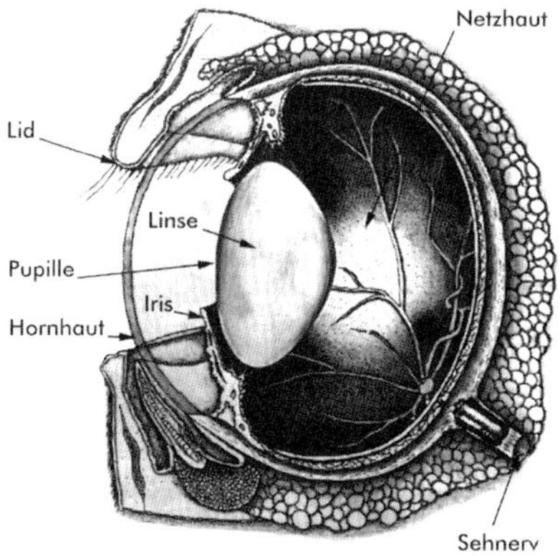

Schematischer Querschnitt durch ein Auge

Die Netzhaut enthält, im Gegensatz zu der des Menschen, wesentlich mehr Stäbchen als Zapfen. Stäbchen dienen dem Schwarz-Weiß-Sehen bei diffusem oder Dämmerlicht, Zapfen dem Farbsehen. Da die Netzhaut von Hunden besonders viele Stäbchen aufweist, sind ihre Augen optimal den Tageszeiten angepasst, zu denen sie am aktivsten sind: in der Morgen- und Abenddämmerung. Dieser Tagesrhythmus, bei dem die Phasen der höchsten Aktivität zu Zeiten erfolgen, in denen Zwielicht herrscht, findet sich bei der Mehrzahl der Säugetiere.

Die geringere Anzahl der Zapfen in der Netzhaut der Hunde lässt sicher darauf schließen, dass sie nicht gerade in einem Farbenrausch wie der Mensch schwelgen, aber ihre canide Umwelt, zumindest bis zu einem gewissen Grad, farbig wahrnehmen.

Bei Dämmerlicht sind Hunde dem Menschen weit überlegen. An der Rückwand ihrer Augen befindet sich eine lichtreflektierende Schicht (tapetum lucidum), die das aufgenommene Bild verstärkt. So ist selbst bei schlechtesten Lichtverhältnissen die Wahrnehmungsfähigkeit gewährleistet.

Ein weiterer Unterschied zum menschlichen Auge besteht darin, dass Hunde mehr auf Bewegung als auf optische Wahrnehmung von Details fixiert sind.

„Freunde fürs Leben"

Ein unbewegliches Objekt in größerer Distanz ist für sie kaum auszumachen. Tests haben gezeigt, dass ein Hund seinen Herrn nicht entdecken kann, wenn dieser in etwa dreißig Meter Entfernung unbeweglich dasteht. Andererseits sieht ein Hütehund die vom Hirten deutlich ausgeführten Handsignale noch aus einer Entfernung von mehr als einem Kilometer (!).

Standard :

Der Zuchtstandard schreibt vor, dass die Augen klar und frei von Trübungen

*»**Blue Sands Vaquero Chet**« (male, blue merle/w/c, * 10.09.1993)*
(Blackwood's Yellow Foot Paco ∞ Chansey's Blue Sand)
Züchter: Blue Sand Aussies - Bernie Zimmermann & Micha Göbel, Sunthausen
Besitzer: Rita und Ulrich Börner, Witten
Foto: Börner

»Exquisita's Red Randy« *(male, red/w/c, * 7.11.1993)*
(Blackwood's Yellow Foot Paco ∞ Creek Ranch Brown Sugar)
Züchter: Marga Lunz, Lonnerstadt
Besitzer: Marga Lunz, Lonnerstadt
Foto: Leikauf

sein sollen, welche ein Indiz für die PRA, ein eingeschränktes Sehvermögen oder gar Blindheit sein könnten

Die Augenform ist idealerweise mandelförmig, die Iris deutlich und rund. Das Tier muss in der Lage sein, aus den Augenwinkeln schauen zu können. Makel sind eine zu runde Augenform, vorstehende, zu tief liegende und zu kleine Augen. Ursächlich könnten für solche Defekte Schädeldeformationen sein. Die korrekte Ausbildung des knöchernen Schädels, insbesondere des Stirnbeines und des Jochbeines, welche die knöcherne Umhüllung des Auges bilden, soll den Augen Schutz bieten und die Fähigkeit verleihen, mit den Augen zu rollen.

Das Jochbein des Australian Shepherd sollte nur mäßig gekrümmt sein, um den leicht schräg stehenden Augen ausreichend Schutz bei der Arbeit, vor beispielsweise Dornsträuchern, Hufen oder Hörnern zu bieten, aber gleichzeitig auch ein Maximum an Blickwinkel (ca. 250°) zu ermöglichen. Dieser Sehkreis ist besonders für einen am Vieh arbeitenden Hund lebenswichtig.

Defekte der Augen sind erblich und oftmals ein Zuchtfehler. Fehlstellungen der Augen lassen sich deutlich am Abschweifen der Pupille erkennen. Die Pupille sollte beim gesunden Hund klar umrissen und deutlich nach vorn gerichtet und von dunkler Farbe sein.

Die Iris (Regenbogenhaut) kann je nach Farbe des Hundes blau, braun bzw. bernsteinfarbig sein. Sprenkel auf der Regenbogenhaut sind keine Defekte, sondern charakteristisch für das Merle-Gen. Mitunter kommen auch Exemplare mit zwei unterschiedlichen Augenfarben vor. Auch dies ist kein Fehler, sondern eine Besonderheit in der Zucht der Australian Shepherds. Im übrigen erlaubt die Kolorierung der Regenbogenhaut keinerlei Rückschluss auf die Sehfähigkeit des Tieres.

Durch die Farbe der Augen lassen wir uns oft zu Vorurteilen über den Charakter eines Tieres hinreißen, denkt man

»Brandy vom Silberberg«
*(female, blue merle/w/c, * 12.06.1993)*
(Las Rocosa Teddy Bear ∞ Phillips' Fancy Fleck)
Züchter: C. &. P. Eisenhauer
Besitzer: Hannes Bolz, Vörstetten

doch, dass uns ein Tier mit blauen, stechenden Augen bis auf die Seele schaut. Ein Aussie, egal welche Farbe seine Augen auch haben, kann dies ohnehin.

- Nase

Anatomie :

Die äußere Nase (Nasus externus) reicht von der Nasenwurzel (Radix nasi) über den Nasenrücken (Dorsum nasi) bis zur Nasenspitze (Apex nasi), wo die Nasenlöcher (Nares) vom medial und lateralen Nasenflügel (Ala nasi) und vom Nasenspiegel (Planum nasale) begrenzt und allseits von den Nasenknorpeln gestützt wird. Der Nasenspiegel wird von der unbehaarten modifizierten Haut in der Umgebung der Nasenlöcher gebildet und weist in der Mitte die Lippenrinne (Philtrum) auf.

Das Riechorgan (Organum olfactus) ist beim Hund besonders gut ausgebildet. Der mit Riechschleimhaut (Tunica mucosa olfactoria) bedeckte Nasengrund wird Riechfeld genannt. Er ist mit Riechepithel (Epithelium olfactorium) ausgekleidet, in dem die Riechzellen von Stützzellen flankiert werden, die gemeinsam mit den Riechknäuel dem gesamten Riechfeld einen gelb-bräunlichen Farbton verleihen. Der Hund als »Makrosmatiker« (Großnaser) besitzt ein Riechfeld von beträchtlicher Größe, das beim Australian Shepherd etwa 15mal größer ist als beim Menschen.

Funktion :

Das wichtigste Sinnesorgan des Hundes ist die Nase. Er unterscheidet mit ihr, ob es sich bei dem ihm begegnenden Artgenossen, um »Freund oder Feind« handelt. Er erforscht seine Umwelt mit der Nase und ist in der Lage, durch sie Gefahren zu erkennen. Bei der Nahrungssuche und -aufnahme, sowie beim Sexualverhalten ist sie für den Hund unentbehrlich. Die Duftmarken von Rivalen erschnüffelt er und setzt zur Kennzeichnung des Reviers seine eigene darüber.

Der Zoologe Prof.Dr. Walter Neuhaus von der Universität Hamburg hat sich mit der Riechfähigkeit des Hundes wissenschaftlich auseinander gesetzt. Danach steht fest, dass die Voraussetzungen für den wesentlich besseren Geruchssinn im Aufbau der Hundenase liegt. Die Menschen verfügen über ca. 8 Mio. Riechzellen, während der Hund über rd. 225 Mio. Riechzellen verfügt. Nach diesem

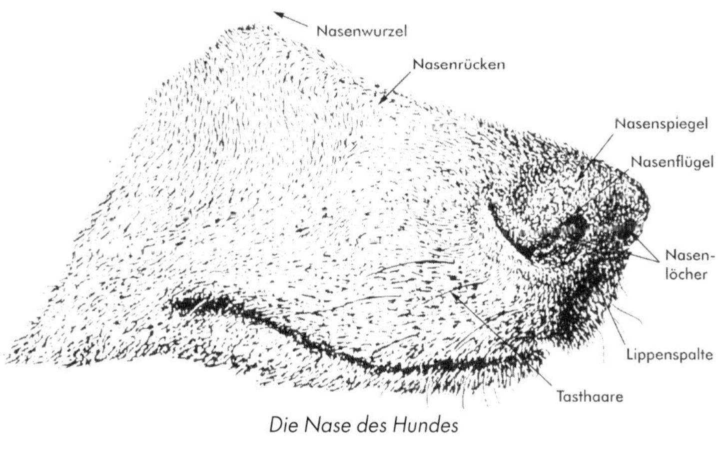

Die Nase des Hundes

Zahlenverhältnis müsste man davon ausgehen, dass der Hund etwa 20- bis 30-fach besser riechen kann als der Mensch. Doch diese Annahme trifft nicht zu, wie Forschungen erwiesen haben.

Für den Hund spielen einige Gerüche aus der Welt der »kleinnasigen« Menschen überhaupt keine Rolle, andere dagegen unterscheidet er fein und schlüsselt sie genau auf, selbst bei Geruchsspuren, die der Mensch niemals wahrnehmen könnte. Bei Buttersäure ist es beispielsweise so, dass der Hund in der Lage ist, eine millionenfach geringere Konzentration wahrzunehmen, als dies der Mensch . Bei Essigsäure liegt der Unterschiedsfaktor sogar bei 1:100 Mio.

Hunde atmen grundsätzlich durch die Nase und nehmen dabei ständig Gerüche wahr. Beim Erschnüffeln einer Fährte beispielsweise, wird er intensiver die Luft durch die Nase einziehen und wie-

*»**Exquisita's Blueberry**« (male, red merle/w, * 07.11.1993)*
(Blackwood's Yellow Foot Paco ∞ Creek Ranch Brown Sugar)
Züchter: Marga Lunz, Lonnerstadt
Besitzer: Ulrike Weisser, Königsfeld-Weiler
Foto: Weisser

der ausstoßen, damit möglichst viel Luft über die Riechzellen streicht und die feinen Riechstoffe wahrgenommen werden können. Hat der Hund die »Witterung« aufgenommen, wird er mit der ausgestossenen Luft die Riechspur immer wiederbefeuchten, um somit für eine Intensivierung der Riechstoffe zu sorgen. Die so angereicherte Luft wird wieder eingeatmet. Diesen Vorgang wiederholt der Hund solange bis er den Duft in seinem Gehirn manifestiert hat. Dann setzt er sich in Bewegung und lässt mit der Nase nicht mehr vom Boden ab. Hunde sind in der Lage, sogar das Alter einer Fährte zu unterscheiden, denn sie verfolgen sie immer in der Richtung, in der sie gelegt wurde.

Ein feuchter kalter Nasenspiegel ist übrigens kein Zeichen für einen gesunden Hund, ebenso wenig wie ein warmer und trockener, Anzeichen für eine Erkrankung sein muss. Die Pigmentierung kann durch

»CH Prizm's Inside Track - „Maxx"« *(male, black/w/c, * 22.06.1994)*
(CH Hyperformance ∞ CH Propwash Marshmellow Pies)
Züchter:Tammy Flaga, Texas/USA
Besitzer: Silke & Stefan Löffler, Kronach
Foto: Löffler

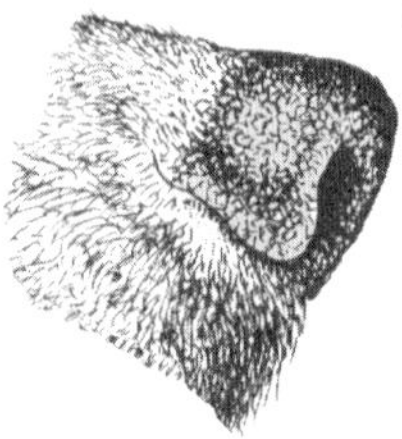

Nasenspiegel mit voller Pigmentierung (Full Pigmentation)

Nasenspiegel mit rosa Flecken (Pink Spots)

Nasenspiegel ohne Pigmentierung (Dudley Nose)

Nasenspiegel mit Schmetterlingszeichen (Butterfly Pattern)

die Sonneneinstrahlung im Sommer etwas dunkler als im Winter sein. Individuell verschieden kann der Nasenspiegel eine glatte feuchte, bis raue, zerklüftete und trockene Oberfläche haben.

Standard :

Der Nasenspiegel, die Augenlider und die Lippen müssen entsprechend der Fellfarbe, entweder eine schwarze Pigmentierung bei »black bzw. blue merle« oder leberfarbenene Pigmentierung bei »red bzw. red merle« haben.

Abweichungen von diesen Grundfarben der Pigmentierung können Anzeichen für sog. »Mischlinge« sein und sind beim Australian Shepherd nicht gewollt.

Anders ist es bei den Fehlpigmentierungen, wie auf nebenstehender Grafik zu sehen ist. Rosa Flecken oder »Pink Spots« kommen bei jungen Hunden häufiger vor, sie verlieren sich aber in der Regel im ersten Lebensjahr.

Die sog. »Dudley Nose«, also der Nasenspiegel ohne jede Pigmentierung könnte ein Zeichen für genetische Fehler sein und führt bei der Bewertung eines Hundes zur Disqualifikation.

Beim jungen Hund, bis zu einem Jahr, ist der Nasenspiegel mit »Schmetterlingszeichen« nicht als Fehler zu bewerten. Bei manchen Hunden braucht die volle Pigmentierung bis zu drei Jahren, wobei dann immer noch »Pink Spots« übrigbleiben können.

Hunde die keine volle Pigmentierung des Nasenspiegels haben, sind im Sommer durch UV-Strahlung gefährdet. Es kann zu Sonnenbrand oder Lichtdermatose auf dem Nasenspiegel kommen.

- Ohren

Anatomie :

Das Hör- und Gleichgewichtsorgan (Organum vestibulocochleare) hat seine Rezeptoren im Innenohr, das im Felsenbein liegt. Zum Hörapparat gehören auch das äußere Ohr, eine durch Muskeln verstellbare Schallmuschel mit anschließendem äußeren Gehörgang (Meatus acusticus externus) sowie das Mittelohr.

Das Mittelohr ist vom äußeren Ohr durch das Trommelfell (Membrana tympani) getrennt, das an seiner Aussenfläche mit modifizierter äußerer Haut und an seiner Innenfläche mit Schleimhaut bedeckt ist. Es bildet einen luftdichten Verschluss zum äußeren Ohr. Dennoch wird das

„Und im Winter schütze ich meine empfindlichen Ohren mit einer coolen Mütze !"

Mittelohr belüftet, und zwar aus dem Rachenraum, über die Ohrtrompete (Tuba auditiva).

Die Gehörknöchelchen des Mittelohrs (Hammer= Malleus, Amboss= Incus und Steigbügel= Stapes) fungieren ebenso wie das Trommelfell als Schallverstärker (Ausfall bedeutet Schwerhörigkeit, nicht Taubheit).

Das Innenohr (Auris interna) ist in einem komplizierten Hohlraumsystem (Labyrinth) untergebracht.

Funktion :

Im Niedrigfrequenzbereich haben Hunde etwa die gleiche Hörfähigkeit wie der Mensch. Nur im Hochfrequenzbereich sind sie uns weit überlegen. Ein junger Mensch ist in der Lage, noch Schallwellen mit einer Frequenz von 30 kHz (30.000 Schwingungen pro Sekunde) zu hören.

Mit zunehmenden Alter verringert sich die Leistung der Ohren auf 20 kHz beim Erwachsenen und sogar bis auf 12 kHz beim alten Menschen. Der Hund dagegen soll nach neuesten Forschungen in der Lage, bis zu 100 kHz wahrzunehmen. Dadurch gerät der Hund in die Lage, Töne zu hören, die für das menschliche Gehör im Ultraschallbereich angesiedelt sind. Dass Hunde einen so aus-

*»**Rosebud Of Crana Babys**« (5 Wochen alt, black/w/c, * 23.08.1996)*
(CH Prizm's Inside Track „Maxx" ∞ Muddy Fields Copper Jill)
Züchter: Silke & Stefan Löffler, Kronach
Besitzer: Silke & Stefan Löffler, Kronach
Foto: Löffler

*»**Gentle Blue Sand**« (male, blue merle/w/c - nbt, * 10.05.1995)*
(Blackwood's Teddy Bear ∞ Chansey's Blue Sand)
Züchter: Micha Göbel & Bernie Zimmermann, Sunthausen
Besitzer: Petra Grenz, Donaueschingen
Foto: Börner

geprägten Gehörsinn entwickelt haben, hängt zweifellos mit den Jagdbedingungen ihrer caniden Vorfahren zusammen, die u.a. auch Jagd auf Nager, wie z.B. Ratten machten und zu deren Ortung sie ein hochempfindliches Gehör benötigten. Als Rudeltier mit ausgeprägtem Sozialverhalten ist es für den Wolf lebenswichtig, Kontakt mit seinen Artgenossen zu halten. So ist ein wildlebender Wolf in der Lage, das Heulen eines anderen Wolfes noch auf eine Entfernung von mindestens sechs Kilometern zu hören. Hütehunde auf Neuseeland hören über Distanzen von nahezu dreitausend Metern die Pfeifkommandos ihres Hirten, was natürlich in unseren Breiten, mit der immer mehr zunehmenden Lärmbelastung der Umwelt, ausgeschlossen ist.

Trotzdem besitzen auch unsere heutigen Haushunde noch dieses ausgeprägte Sinnesorgan, und sind dadurch in der Lage, minimale Geräusche zu entschlüsseln, die vom Menschen nicht wahrgenommen werden. Ein typisches Beispiel dafür ist die Art und Weise, wie sich Hunde vor der Ankunft ihres geliebten Herrn verhalten. Lange bevor irgendjemand im Haus etwas Ungewöhnliches bemerkt, springen sie auf, stellen ihre Ohren auf, lauschen und warten voller Spannung darauf, ihren geliebten Herrn endlich begrüßen zu dürfen.

Standard :

Die gleichen Faktoren, die für die leicht schräge Stellung der Augen verantwortlich sind, zeichnet auch ursächlich für die Position der Ohren. Durch die Form des knöchernen Schädels und die Ausbildung des Jochbeins sitzen die Ohren seitlich hoch am Kopf. Obwohl die Ohren nicht aufgerichtet sind, hört der Australian Shepherd außerordentlich gut. Augen und Ohren "arbeiten" hervorragend zusammen (sehen, hören, fokussieren).

Die Form der Ohren ist beim Aussie sehr variationsreich, die Bandbreite reicht von leicht herabhängend bis zum Stehkippohr (siehe Skizze, Abb. 1 - 4). Optimal sind sie dreieckig und leicht gerundet an der Spitze. Bei korrekter Länge wird die Spitze des Ohres bis zum inneren Augenwinkel reichen, wenn man das Ohr in die entsprechende Position bringt. Bei voller Aufmerksamkeit des Hundes

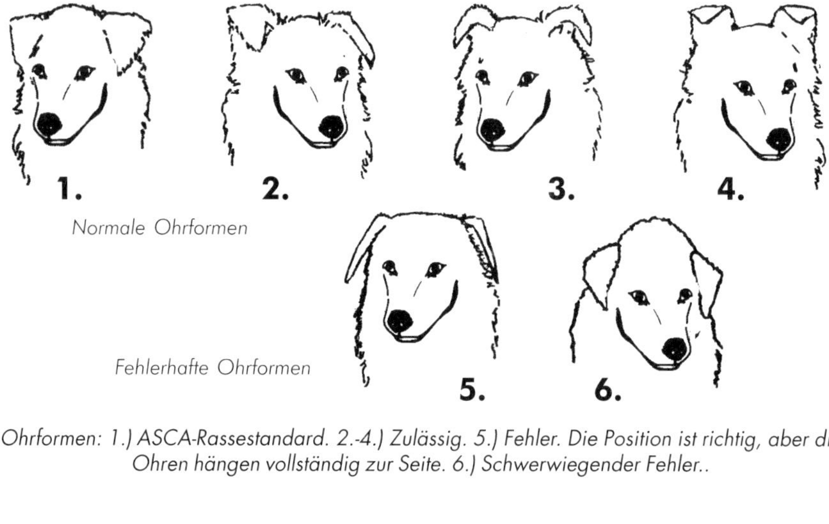

Ohrformen: 1.) ASCA-Rassestandard. 2.-4.) Zulässig. 5.) Fehler. Die Position ist richtig, aber die Ohren hängen vollständig zur Seite. 6.) Schwerwiegender Fehler..

*»Chansey's Blue Sand« (female, blue merle/w/c, * 06.07.1991)*
(Night Time Dude Of Tres Rios ∞ Odysees Chansey)
Züchter: Karen Goad, Kalifornien/USA
Besitzer: Micha Göbel & Bernie Zimmermann, Sunthausen
Foto: Gsell

sollen die Ohren vorwärts fallen und sich etwa 1/4 bis 1/2 ihre Größe über die Schädelbasis aufrichten. Stehohren und jagdhundtypische Hängeohren sind schwere Fehler und häufig ein Zeichen für Schädeldeformationen.

Die Ohren sind von außen behaart und der Bereich, der den Schall passieren lässt, ist mit Stichelhaaren versehen. Sie schützen den Gehörgang vor Feuchtigkeit oder Staub und verhindern dadurch Entzündungen des Gehörs.

Das Gebäude

Anatomie :

Vom Chihuahua bis zum Irish Wolfhound weisen alle Hunde eine fast übereinstimmende Anatomie auf, das bedeutet, dass alle Knochen, Muskeln und Or-

»Las Rocosa Red Kyle« *(male, red merle/w/c, *11.04.1988)*
(WTCH Las Rocosa Bonny Kyle ∞ Twin Oaks Tiara)
Züchter: Sherry Baker, Kalifornien/USA
Besitzer: Friedhelm Kolb, Biebergemünd
Foto: Reintges

gane, wenn auch in unterschiedlicher Größe, vorhanden sind. Lediglich bei der Rute schwankt die Anzahl der Wirbel und damit die Schwanzlänge teilweise beträchtlich.

Von seinen caniden Ahnen her, den Wölfen, ist der Hund zum Laufen auf langen Strecken und zum Springen konzipiert; daher die gewinkelten Hinterbeine mit den kurzen, kräftig bemuskelten Oberschenkeln. Das Knochengewebe zeichnet sich durch Härte und Festigkeit aus, hat aber nur geringe Elastizität. Es ist zusammengesetzt aus den Knochenzellen und einer Grundsubstanz mit reichlich eingelagerten Mineralien. Diese Grundsubstanz wird von zahlreichen feinen Kanälchen und Knochenhöhlen durchzogen, die miteinander in Verbindung stehen und für die Ernährung des Gewebes sorgen. Die Hohlräume sind mit dem weichen Knochenmark ausgefüllt, das in den Röhrenknochen deutlich zu sehen ist. Anorganische Bestandteile (Mineralien) machen ungefähr zwei Drit-

*»**Peppertrees Sunny Boy**« (male, black/w/c, * 21.01.1994)*
(CH By Popular Demand Of Cimarron ∞ Connie Fancy Of Ken-Lin-Lasley)
Züchter: Sheila & Don Hall, Texas/USA
Besitzer: Marga & Erich Lunz, Lonnerstadt
Foto: Leikauf

tel des Gewichtes aus. Sie bestehen zu 80% aus Kalziumphosphat. Daneben ist der Knochen in seiner gesamten Form von einem Knorpelgewebe durchsetzt. Außen ist der Knochen mit der Knochenhaut bedeckt, die auch sensible Nerven beherbergt. Je nach Funktion und Belastung ist der Knochen kompakt, dicht und hart (Röhrenknochen) oder weicher und lockerer (Schulterblatt) aufgebaut. Auch der Knorpel zeigt im Aufbau eine Grundsubstanz sowie die Knorpelzellen. Die Grundsubstanz ist eine homogene Masse, die wie eine trübe Glasscheibe aussieht. Sie ist leimgebend, kittend, fest, aber elastisch und kann mit Fasern durchzogen sein. Blutgefäße fehlen im Knorpelgewebe fast vollständig.

Das Muskelgewebe besteht aus sehr langen Zellen, die sich zusammenziehen können und dabei entsprechend dicker

*»**Dorna's Jimbo Big Boy**« (male, blue merle/w/c, * 15.08.1989)*
(Brandomar Mad Max ∞ Patricia Pretty Girl)
Züchter: Holger Brodrecht, Neuenburg
Besitzer: Familie Dorna, Essen
Foto: Löhr

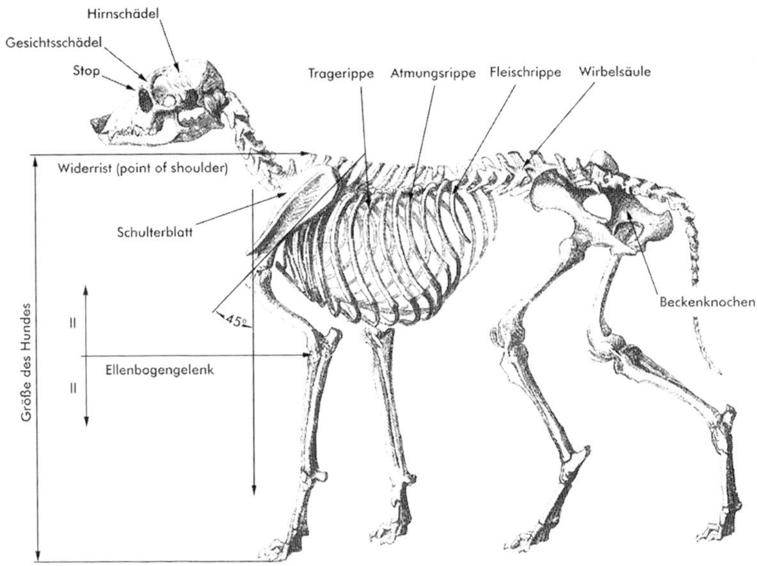

Skellet eines Hundes
mit eingezeichnete korrekte Winkelung der vorderen Gliedmaße.

werden. Man unterscheidet glatte und quergestreifte Muskelfasern. Die glatte Muskulatur ist reich an Blutgefäßen. Sie befindet sich in den Körperteilen, die dem Willen nicht unbedingt unterworfen sind, also selbständig reagieren wie Verdauungsorgane, Bronchien, Gebärmutter, Nieren, Harnröhre und -blase, Gallenblase, in den Blutgefäßen und im Irismuskel des Auges.

Die Muskeln gehen in die Sehnen über, die sich an den entsprechenden Knochenpunkten verankern. Eine besondere Gewebeart stellt der Herzmuskel dar. Er besitzt eine dichte Querstreifung, aber auch Merkmale glatter Muskulatur sind deutlich entwickelt. Die Eigenschaft der Muskelfasern, sich auf entsprechende Reize hin zusammenzuziehen, ist an die Faserhüllen mit dem Nervengeflecht und ihren Endplatten gebunden. Die Elastizität der Muskeln ist absolut, sie nehmen also immer wieder ihre Anfangslänge ein. Die Zeit zwischen dem Reizbefehl und der Muskelantwort richtet sich

nach der Reizstärke, der Temperatur und der Gewebe-Ermüdung, beträgt aber nur den Bruchteil einer Sekunde. Die glatte Muskulatur, die dem Willen nicht unterworfen ist, wird von zwei gegensätzlich arbeitenden Nervensystemen gesteuert. Diese Antagonisten, das sympathische und das parasympathische System regulieren ihre Arbeit. Die Stoffwechselfunktionen ähneln denen der Skelettmuskulatur, die Arbeitsleistung ist jedoch meist geringer (ausgenommen Herz), aber die Muskeln ermüden je nach Aufgabe nicht (Blutgefäße).

- Hals und Rücken

Standard :

Obwohl Kopf und Hals als eigenständige Körperteile behandelt werden, ist doch gerade ihr Zusammenspiel von außerordentlicher Wichtigkeit für die Balance des Hundes. Die korrekte Haltung des Halses, und damit des Kopfes, wird beeinflusst von der Versammlung und der Winkelung der Schulter. Das Zusammenwirken dieser Komponenten ermöglicht dem Hund die Verlagerung des Schwerpunktes, was wiederum seiner Beweglichkeit zu Gute kommt. Durch Strecken von Kopf und Hals während des Laufes verlagert der Hund seinen Schwerpunkt nach vorne, sobald er dann Kopf und Hals zur Seite dreht, folgt der Körper nach und der Hund wechselt die Richtung. Wenn er springt, hebt er Kopf und Hals, verlagert also den Schwerpunkt nach oben, die Schulter wird frei, die Kraft kommt von hinten.

Ein Hals von mäßiger Länge, dazu leicht gewölbt, so wie er für einen korrekten Australian Shepherd gewollt ist, unterstützt wirkungsvoll die Ausdauer und hilft beim Steuern des Gleichgewichtes und der Symmetrie. Ein Hund mit einem zu kurzen Hals, kann selbst bei entsprechender Kraft nie die nötige Ausdauer und Behändigkeit erreichen, was ihn wiederum bei der Arbeit am Vieh behindert und sogar gefährdet, wie ein Exemplar mit korrektem Hals.

Der Australian Shepherd ist ein äußerst athletischer Hund, und so wie bei einem Athleten, ist es für ihn und sein Wohlbefinden von größter Wichtigkeit, über eine gut entwickelte Muskulatur zu verfügen. Die Wirbelsäule soll durch die entsprechende Muskulatur gestützt werden. Die Rückenlinie erscheint im versammelten Stand gerade. Die Muskeln sollen deutlich fühlbar, fest und gut abgestuft sein. Ein zu schwacher oder gar durchhängender Rücken weist auf eine unterentwickelte oder fehlende Muskulatur hin und ist deshalb als schwerer Defekt zu werten. Der Brustkorb sollte breit, lang und sanft nach außen gewölbt sein. Die Rippen sollen schräg zur Wirbelsäule angeordnet sein. Von den drei-

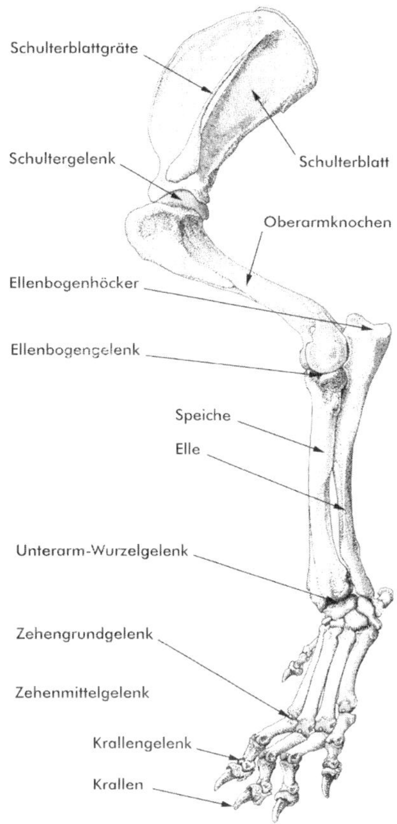

Skelett der Schultergliedmaße

zehn Rippen sind die erste bis neunte Rippe als Tragerippen gelenkig verbunden. Die Rippen 10 bis 12 sind frei bewegliche Atmungsrippen. Die letzte Rippe endet als Fleischrippe frei in der Körperwand. Rippen, Brustbein und Brustwirbelsäule bilden den Brustkorb, der Herz und Lunge beherbergt. Die Lendenmuskulatur schützt die Organe, die sich im Unterleib befinden. Sie muss besonders kräftig ausgebildet sein, da es in diesem Bereich kein knöchernes Gerüst gibt, das die inneren Organe schützt. Die Lende ist von oben gesehen kräftig und relativ breit.

Die leicht abfallende Kruppe des Australian Shepherds, idealerweise 30° zur Horizontalen, unterstützt wirkungsvoll den für die Hunde erforderlichen Bewegungsablauf. Sie ermöglicht dem Hund, die Hinterbeine weit unter den Körper zu stellen, um somit eine günstige Schwerpunktverlagerung zu erreichen, was ihm bei schnellen Drehungen auf der Hinterhand sehr entgegenkommt. Darüber hinaus ist sie erforderlich, um dem Aussie den unermüdlichen Trab zu ermöglichen. Die Rute ist gerade, kupiert (docked) oder als Natural Bobtail (nbt) nicht länger als 10 cm (4″) oder unkupiert als lange (full) natürliche Rute (siehe auch Kapitel 4 - Kupieren der Rute).

- Schultergliedmaße

Standard :

Die Schultergliedmaße des Australian Shepherds machen fast die Hälfte des Körpergewichtes aus.

Die Extremitäten sind durch ein Eigelenk mit dem Schulterblatt, das auch

*»**Exquisitas Blue Angel**« (female, blue merle/w/c, *12.1995)*
(Blackwoods Yellow Foot Paco ∞ Creek Ranch Brown Sugar)
Züchter: Marga Lunz, Lonnerstadt
Besitzer: Marga Lunz, Lonnerstadt
Foto: Foto Käs

als Grundstein der vorderen Versammlung bezeichnet wird, verbunden. Durch dieses Gelenk werden dem Hund vorwärts, rückwärts und seitwärts treibende Bewegungen ermöglicht. Eine gut zurückgelegte Schulter ist für eine ausreichende Stoßabsorbierung wichtig. Ideal ist eine Winkelung von 45 Grad.

Die Schulterblätter sind lang und flach und im versammelten Stand etwa zwei Finger breit, im Bereich des Widerristes, voneinander entfernt.

Die Stellung des Oberarmknochens sollte idealerweise neunzig Grad zum Schulterblatt) betragen. Gerade die korrekte Länge und Winkelung des Oberarmknochens erlaubt dem Hund die bestmögliche Nutzung der vorderen Extremitäten und fördert somit den optimalen Bewegungsablauf. Betrachtet man den Hund von vorne, soll der Unterarm möglichst gerade und senkrecht unter dem Schwerpunkt der Schulter stehen.

Die Muskulatur der Schultergliedmaße soll kräftig, die Sehnen der Fesseln deutlich und klar ertastbar sein.

Hunde sind Zehengänger. Die Pfoten bestehen vorne aus vier Zehen und einer Daumenzehe, die in den Sohlenballen enden. Der fünfte Ballen, dazwischen liegend, ist der Hauptträger des Gewichtes. Durch die Gewichtsverteilung beim Australian Shepherd, -vorne schwerer als hinten-, sollen die Vorderpfoten etwas größer als die hinteren sein.

- Beckengliedmaße

Standard :

Die hintere Versammlung muss völlig übereinstimmend zu der vorderen sein, um eine leistungsfähige Zusammenarbeit der Extremitäten zu gewährleisten. Eine Abweichung im Bewegungsablauf innerhalb der Beckengliedmaße oder Schultergliedmaße, führt immer zu einer Störung der gesamten Versammlung und somit auch zu einer Störung des Gleichgewichtes und der Symmetrie. Die korrekte Versammlung der Gliedmaße ist am besten beim trabenden Hund zu sehen. Dabei erkennt man durch das Zusammenspiel der vorderen und hinteren Extremitäten sofort mögliche Fehler.

Der Oberschenkelknochen ist durch ein Kugelgelenk mit dem Becken verbunden. Die Winkelung sollte auch hier idealerweise neunzig grad betragen. Die richtige Winkelung der Knochen erlauben dem Hund, die Beine weit unter den Körper zu nehmen und gestatten ihm einen raumgreifenden Schritt, welcher hohe Geschwindigkeit im Galopp, sowie große Ausdauer im Trab ermöglicht.

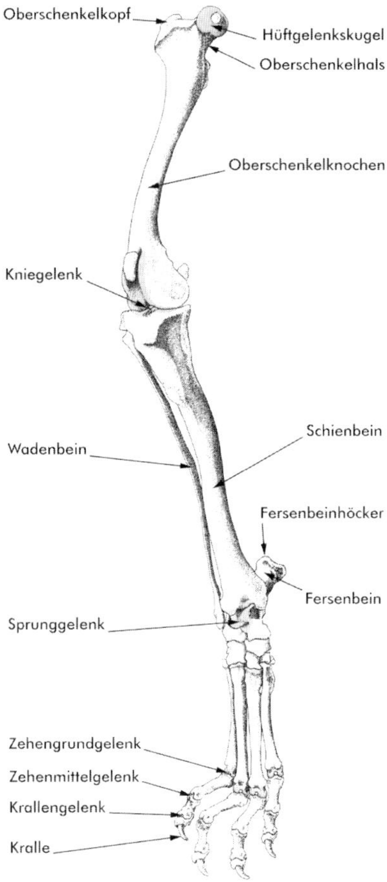

Skelett der Beckengliedmaße

Eine gute Bemuskelung und feste Sehnen sind wichtig, um einen ordentlichen Halt und eine gute Führung des Hüftgelenkes zu gewährleisten. Ist die Muskulatur in diesem Bereich nicht ausreichend, besteht bei entsprechend veranlagten Tieren, die Gefahr des Ausbruchs der gefürchteten Hüftgelenksdysplasie.

Hinten besitzt der Hund vier Zehen, die ebenfalls in den Sohlenballen enden. Dazwischen liegt der fünfte Ballen auf dem das Gewicht liegt. Die hinteren Pfoten sind kleiner als die vorderen.

Das Fell

Anatomie :

Das Fell besteht aus Haaren. Die Haare (Pili) bedecken fast die gesamte Körperoberfläche mit Ausnahme von Nasenspiegel, After, Schamlippen und Ballen. Haare sind verhornte, fadenförmige Strukturen, die aus Epidermiszellen durch Verhornung entstehen. Man unterteilt das Haar in den Schaft (Scapus pili), der über die Hautoberfläche hinausragt, und in die Haarwurzel (4, Radix pili), die schräg in der Lederhaut (5) steckt und am Ende eine Verdickung als Haarzwiebel (3, Bulbus pili) aufweist.

Ein winziger Muskel (2, Musculus arrector pili) setzt unterhalb am Haarbalg an. Durch sein Zusammenziehen ("Gänsehaut") richtet er die Haare auf, (Haarsträuben als Imponiergehabe), wodurch die Talgdrüsen komprimiert werden und der Luftraum zwischen den Haaren zur Wärmeisolierung vergrößert wird.

Man unterscheidet zwischen dem Deckhaar (1, Capili), oder auch Fellhaar und das dieses umlagernde Wollhaar (Pili lanei), oder auch Unterwolle.

Die Haare des Hundes stehen in Büscheln. Dazu gehört ein zentrales gerades Haupthaar und bis zu zehn Nebenhaare. Das Haupthaar ist ziemlich kräftig und steif. Die dünnen Nebenhaare sind mehr oder weniger gewellt.

Die feinsten Haare sind die stark gewellten Wollhaare, die bei den meisten Rassen das Unterfell bilden. Bei manchen Hunderassen, wie beim Puli und Kommondor, überragen sie die Deckhaare und bilden ein oberflächliches, vlies-ähnliches »Wollfell«.

Standard :

Sand, Regen, Schlamm, Schnee und Hitze sind Umweltbedingungen, die dem Hütehund im Arbeitsalltag immer wieder zu schaffen machen. Darum muss das Fell entsprechend beschaffen sein. Es hat also in erster Linie eine Schutzfunktion zu erfüllen und sollte möglichst pflegeleicht sein. Wolliges, dichtes, drahtiges, übermäßig lockiges oder äußerst feines Fell erfüllen diese Anforderungen nicht gerade. Ein durchschnittlich strukturiertes Fell von mittlerer Länge schützt den Australian Shepherd vor extremer Hitze, Insektenstiche, Gestrüpp, Dornen

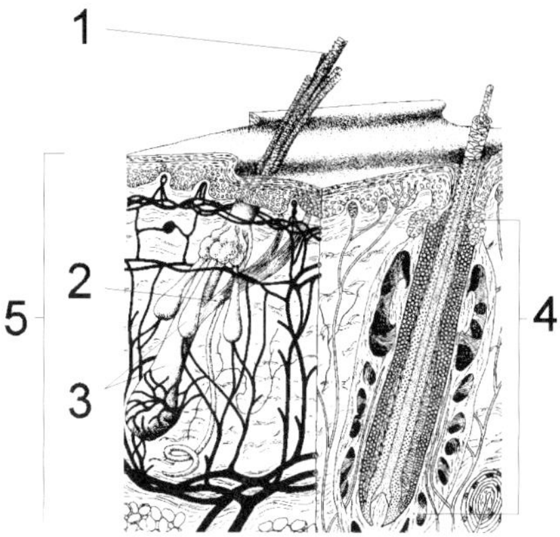

Das Hundehaar

und ist darüber hinaus recht leicht zu pflegen. Das Unterfell ist für die Isolierung des Hundes zuständig. Hier kann man nicht allgemein von einer bestimmten Beschaffenheit reden, denn ein in nördlichen Regionen lebender Hund entwickelt eine dichtere Unterwolle als sein Artgenosse im Süden, der nun mal ganz andere klimatische Verhältnisse vorfindet.

Ein Aussie ist in der Lage sein Fell den örtlichen Gegebenheiten anzupassen. Diese Tatsache macht ihn zu einem Hund, der in fast jedem Klima leben und arbeiten kann.

Die Farben

Standard :

Keine vom ASCA akzeptierte Farbe darf bei der Beurteilung bevorzugt werden, denn gerade die Vielfalt in Zeichnung und Farbgebung ist eines der »Markenzeichen« des Australian Shepherds.

Die akzeptierten Farben sind:

Die Grundfarbe **»black«** (schwarz).

»Blue merle« als eine Modifikation der Grundfarbe »black«, manchmal auch als »Harlekin« bezeichnet. Durch die Vielfalt der »blue merle« Zeichnungen unterscheidet man je nach Erscheinungsbild zwischen :

»powder blue«	- pulverblau
»silver blue«	- silberblau
»steel blue«	- stahlblau
»blue black«	- blauschwarz

Die Grundfarbe **»red«** ist »leberfarben«, »burgund«, »rost« oder »rotbraun« schattiert.

»Red merle« ist eine Abwandlung der Grundfarbe »red« und wird manchmal auch als »Zucker und Zimt« bezeichnet. Die rötlichgraue Grundfarbe, ist zum Teil mit Sprenkeln und marmorierten Flekken durchsetzt.

Alle Farben dürfen **»white and/or copper trims«**, also weiße und/oder kupferne Abzeichen aufweisen. Weiße Abzeichen dürfen nur in den folgenden Körperzonen auftreten: Maulbereich, Stirn, Hals, Brustkorb, Unterbauch, Pfoten und Beine. Hier handhabt es der Standard des FCI etwas großzügiger. Weiß darf in einer horizontalen Linie bis etwa 10cm, vom Ellbogengelenk gemessen, vorkommen. Der Bereich um Augen und Ohren sollte nicht von »weiß« dominiert werden. Der Haaransatz eines weißen Kragens liegt idealerweise noch vor dem Widerrist.

Die weißen Abzeichen an den Beinen reichen von kleinen Flecken bis hin zu sog. »Strümpfen«, bei denen u.U. das ganze Bein weiß ist. Die weiße Farbe beim Australian Shepherd darf nicht mit dem »Weiß« anderer Hunderrassen verglichen werden. Weiße Abzeichen in anderen, als den oben erwähnten Körperzonen, können beim Aussie auf schwere genetische Fehler hinweisen, und sind deshalb nicht akzeptabel (siehe Kapitel 4 - Merle-Syndrom).

Die Farbe **»copper«** variiert von »tiefkupfer« bis zu »sahnigbeige«. **»Black bi«** bzw. **»red bi«** sind die Bezeichnungen für Tiere in schwarzer bzw. roter Grundfarbe mit Abzeichen in weiß (zweifarbig).

»Black tri« bzw. **»red tri«** sind die Bezeichnungen für Tiere in schwarzer bzw. roter Grundfarbe mit Abzeichen sowohl in weiß als auch in kupfer (dreifarbig).

*»**Fantasia's Sweet Little Sheila**« (female, blue merle/w/c, * 04.10.1993)*
(CH Fantasia's Master Peace ∞ Fantasia's Cinemascope)
Züchter: Anna & David Gibbons, Kansas/USA
Besitzer: Heike & Oliver Sturm, Velbert-Langenberg
Foto: Börner

Farbverdünnungen der Grundfarbe »schwarz« z.B. als graue, braune oder graubraune Flecken beim merlefarbenen Hund sind als Fehler zu bewerten, führen aber nicht zu einer Disqualifikation. In der Grundfarbe »rot« treten sie seltener auf. Insgesamt sind sie aber in der Zucht unerwünscht.

Als »Fehlfarben« gelten alle nicht akzeptierten Farben, wie z.B. graue, braune, beige oder auch graubraune Hunde. Sie führen grundsätzlich zur Disqualifikation des Hundes und sollten auch nicht in der Zucht verwendet werden.

Nasenspiegel, Augenlider und Lippen müssen entsprechend der Fellfarbe, entweder eine schwarze, bei »black« bzw. »blue merle«, oder eine leberfarbene Pigmentierung, bei »red« bzw. »red merle« aufweisen.

»Pink Spots« in Lefzen und Augenlider sind akzeptabel und führen nicht zu einer Abwertung des Hundes.

Die Gangarten

Standard :

Für seine Aufgaben als Hütehund, muss der Australian Shepherd über die Fähigkeit verfügen, aus dem Stand, innerhalb kürzester Zeit auf Höchstgeschwindigkeit zu beschleunigen und darüber hinaus ausdauernd neben der Herde zu laufen. Dazu ist eine korrekte Versammlung der Gliedmaße notwendig.

Die wichtigste Gangart für den Aussie ist der Trab. Hierbei handelt es sich um einen natürlichen, zweitaktigen diagonalen Bewegungsablauf, bei dem die Schultergliedmaße und die gegenüberliegenden Beckengliedmaße eine simultane Bewegung ausführen. Die Hintergliedmaße sollen hierbei einen kurzen Moment nach den vorderen auftreten. Der Ablauf dieser Bewegung muss in Koordination, sowie zeitlich präzise aufeinander abgestimmt sein.

Das Vorführen eines Australian Shepherd, wie etwa bei einer »Conformation-Show« gefordert, gibt sehr schnell Aufschluss über einen glatten, geschmeidigen Übergang zwischen der vorderen und hinteren Versammlung. So können Mängel der Symmetrie und des Gleichgewichtes schnell erkannt werden.

Der Australian Shepherd befindet sich im Gleichgewicht, wenn seine Gliedmaße, während des Trabes, von hinten betrachtet ein »**V**« bilden.

Die Größe

Standard :

Als der ASCA-Zuchtausschuss den Rassestandard für den Australian Shepherd vorstellte, begann eine große Diskussion um den Punkt »Größe«. Wie groß sollte ein optimaler Australian Shepherd sein? Zu erheblich waren die Größenunterschiede bei den Aussies. Die festgelegten Werte:

Rüde - **51cm bis 59cm**
Hündin- **46cm bis 54cm**

Schulterhöhe wurden beibehalten.

Ein Tier darf aber nicht schlechter bewertet werden, nur weil es eventuell etwas kleiner als seine Konkurrenten ist. Das Hauptaugenmerk, soll den anderen im Rassestandard festgelegten Kriterien gelten. Der beurteilende Richter soll sich davon überzeugen, dass die Proportionen des Hundes die nötige Behändigkeit und Leistungsfähigkeit bei der Hütearbeit nicht einschränken. Schließlich will man keine Schönheitszucht betreiben sondern die Arbeitsqualitäten des Australian Shepherd in den Vordergrund stellen. Außerdem, und das steht wohl außer Frage, dürfte da manch kleinerer Hund, gegenüber seinem größeren Artgenossen, im Vorteil sein.

Ausschlüsse

Von der Zucht auszuschließen sind Hunde mit den Erbkrankheiten »Kryptorchismus/Monorchismus«, »PRA« und »HD«.

Beim Kryptorchismus ist, da zum Geburtstermin der Hodenabstieg noch nicht ganz vollendet ist, beim veranlagten Rüden der Hoden im Bauchraum oder im Leistenspalt stecken geblieben. Man spricht dann vom verborgenen Hoden oder Kryptorchismus.

Ein kryptorcher Hoden neigt zu tumoröser Entartung und ist ggf. im späteren Alter operativ zu entfernen.

Beim Monorchismus handelt es sich im Gegensatz zum Kryptorchismus um eine eindeutige Einhodigkeit.

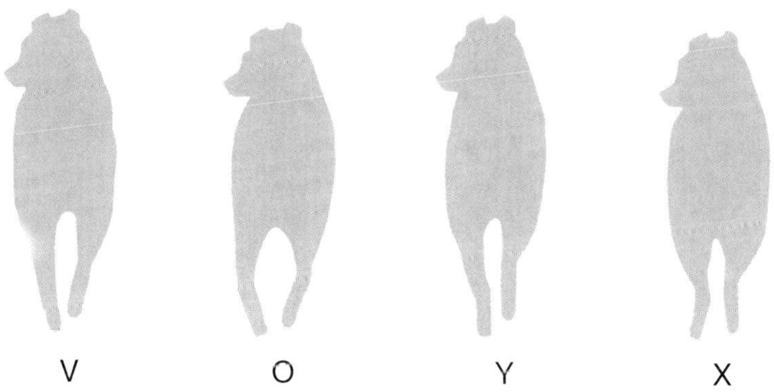

Die V-Stellung ist die korrekte Haltung im Trab. Alle anderen, also O-, Y- oder X (kuhfesselige) - Stellungen sind Anomalien und beim Australian Shepherd nicht erwünscht.

Zum Schluss des Kapitels »Anatomie und Rassestandard« noch die Original-Rassestandards, wie sie von ASCA, AKC und FCI verfasst wurden. Alle Standards sind in ihren Grundvorschriften gleich. Die Ausführungen des ASCA sind allerdings wesentlich präziser und umfassender und sollten m.E. als Maßstab für die Zucht der Australian Shepherds gelten. Die einzigen Unterschiede:

a) Der »Aufbiss« ist beim ASCA ein Disqualifizierungsgrund - bei AKC und FCI ist er zugelassen. Die FCI akzeptiert als einziger den Unterbiss bis 1/8".

b) Monorchismus und Kryptorchismus sind beim ASCA Disqualifikationsgründe - Der AKC führt diese Erbkrankheiten nicht in seinem Standard. Die FCI erwähnt die Krankheiten nicht, schreibt aber vor, dass Rüden zwei normal entwickelte Hoden aufweisen müssen.

c) Der ASCA lässt weißes Fell nur an bestimmten Körperstellen zu. AKC und FCI stimmen damit überein, allerdings mit dem Zusatz, dass das weiße Fell des Unterbauches bis auf eine Höhe von 10 cm, vom Ellbogengelenk gemessen, auf der Körperseite vorkommen darf.

d) Die Proportionsformel des Kopfes lautet nach ASCA: Oberkopfbreite = Oberkopflänge = Schnauzenlänge. Bei AKC und FCI darf die Schnauze aber auch kürzer sein, wobei die Ausgewogenheit der Proportionen erhalten bleiben muss.

The Australian Shepherd Club of America ASCA

AUSTRALIAN SHEPHERD BREED STANDARD, Effective January 15, 1977

General Appearance: The Australian Shepherd is a well-balanced dog of medium size and bone. He is attentive and animated, showing strength and stamina combined with unusual agility. Slightly longer than tall, he has a coat of moderate length and coarseness with coloring that offers variety and individuality in each specimen. An identifying characteristic is his natural or docked bobtail. In each sex, masculinity or feminity is well- defined.

Character: The Australian Shepherd is intelligent, primarily a working dog of strong herding and guardian instincts, he is an exceptional companion. He is versatile and easily trained, performing his assigned tasks with great style and enthusiasm. He is reserved with strangers but does not exhibit shyness. Although an aggressive authoritative worker, viciousness toward people or animals is intolerable.

Head: Clean-cut, strong, dry and in proportion to the body. The topskull is flat to slightly rounded, its length and width each equal to the length of the muzzle tappers slightly to a rounded tip. The stop is moderate but well-defined.

Teeth: A full complement of strong, white teeth meet in a scissors bite. An even bite is a fault. Teeth broken or missing by accident are not penalized. Disqualifications: Undershot bites; overshot bites exceeding 1/8".

Eyes: Very expressive, showing attentiveness and intelligence. Clear, almond-shaped, and of moderate size, set a little obliquely, neither prominent nor sunken, with pupils dark, well-defined and perfectly positioned. Color is brown, blue, amber or any variation or combination including flecks and marbling.

Ears: Set on high at the side of the head, triangular and slightly rounded at the tip, of moderate size with length measured by bringing the tip of the ear around to the inside corner of the eye. The ears, at full attention, break slightly forward and over from one-quarter (1/4) to one-half (1/2) above the base. Prick ears and hound-type ears are severe faults.

Neck and Body: The neck is firm, clean and in proportion to the body. It is of medium length and slightly arched at the crest, setting well into the shoulders. The body is firm and muscular. The topline appears level at a natural four-square stance. The chest is deep and strong with ribs well-sprung. The loin is strong and broad when viewed from the top. The bottom line carries well back with a moderate tuck-up. The croup is moderately sloping, the ideal being thirty (30) degrees from the horizontal. Tail is straight, not to exceed four (4) inches, natural bobtail or docked.

Forequaters: The shoulder blades (scapula) are long and flat, close set at the withers, approximately two fingers width at a natural stance and are well laid back at an angle approximating forty-five (45) degrees to the ground. The upper arm (humerus) is attached at an approximate right angle to the shoulder line with forelegs dropping straight, perpendicular to the ground. The elbow joint is equidistant from the ground to the withers. The legs are straight and powerful. Pasterns are short, thick and s trong, but still flexible, showing a slight angle when viewed from the side. Feet are oval shaped, compact, with close-knit, well-arched toes. Pads are thick and resilient; nails short and strong. Dew-claws may be removed.

Hindquarters: Width of hindquarters approximately equal to the width of the orequarters at the shoulders. The fan

gulation of the pelvis and the upper thigh (femur) corresponds to the angulation of the shoulder blade and upper arm forming an approximate right angle. Stifles are clearly defined, hock joints moderately bent. The metatarsi are short, perpendicular to the ground and parallel to each other when viewed from the rear. Feet are oval shaped, compact, with close-knit, well-arched toes. Pads are thick and resilient; nails short and strong. Rear dewclaws are removed.

Coat: Of medium texture, straight to slightly wavy, weather resistant, of moderate length with an undercoat. The quantity of undercoat varies with climate. Hair is short and smooth on the head, outside of ears, front of forelegs and below the hocks. Backs of forelegs are moderately feathered; breeches are moderately full. There is a moderate mane and frill, more pronounced in dogs than bitches. Non-typical coats are severe faults.

Color: All colors are strong, clear and rich. The recognized colors are blue merle, red (liver) merle, solid black and solid red (liver) and with or without white markings and/or tan (copper) points with no order of preference. The blue merle and black have black pigmentation on nose, lips and eye-rims; the red (liver) merle and red (liver) angulation of liver pigmentation on nose, lips and eye-rims. Butterfly nose should not be faulted under one yearof age. On all colors the areas surrounding the ears and eyes are dominated by color other than white. The hairline of a white collar does not exceed the point of the withers.

Disqualifications:
i. Other than recognized colors.
ii. White body splashes
iii. Dudley nose.

Gait: Smooth, free and easy; exhibiting agility of movement with a well-balanced, ground-covering stride. Fore and hind legs move straight and parallel with the center line of the body; as speed increases, the feet, both front and rear, converge toward the center line of gravity of the dog, while the topline remains firm and level.

Size: Preferred height at the withers for males is 20-23 inches; that for females is 18-21 inches,however, quality is not to be sacrificed in favor of size.

Other disqualifications:
i. Monorchidism
ii. Cryptorchidism.

The American Kennel Club AKC

AUSTRALIAN SHEPHERD BREED STANDARD - Approved May 14, 1991

General Appearance

The Australian Shepherd is an intelligent working dog of strong herding and guarding instincts. He is a loyal companion and has the stamina to work all day. He is well balanced, slightly longer than tall, of medium size and bone, with coloring that offers variety and individuality. He is attentive and animated, lithe and agile, solid and muscular without cloddiness. He has a coat of moderate length and coarseness. He has a docked or natural bobbed tail.

Size, Proportion, Substance

- Size

The preferred height for males is 20-23 inches, females 18-21 inches. Quality is not to be sacrificed in favor of size. *Proportion:* -Measuring from the breastbone to rear of thigh and from top of the withers to the ground the Australian Shepherd is slightly longer than tall. *Substance:* -Solidly built with moderate bone. Structure in the male reflects masculinity without coarseness. Bitches appear feminine without being slight of bone.

- Head

The Head is clean cut, strong and dry. Overall size should be in proportion to the body. The muzzle is equal in length or slightly shorter than the back skull. Viewed from the side the topline of the back skull and muzzle form parallel planes, divided by a moderate, well-defined stop. The muzzle tapers little from base to nose and is rounded at the tip. *Expression:* -Showing attentiveness and intelligence, alert and eager. Gaze should be keen but friendly. Eyes are brown, blue, amber or any variation or combination thereof, including flecks and marbling. Almond shaped, not protruding nor sunken. The blue merles and blacks have black pigmentation on eye rims. The red merles and reds have liver (brown) pigmentation on eye rims. Ears are triangular, of moderate size and leather, set high on the head. At full attention they break forward and over, or to the side as a rose ear. Prick ears and hanging ears are severe faults. *Skull:* -Top flat to slightly domed. It may show a slight occipital protuberance. Length and width are equal. Moderate well-defined stop. Muzzle tapers little from base to nose and is rounded at the tip. *Nose:* -Blue merles and blacks have black pigmentation on the nose (and lips). Red merles and reds have liver (brown) pigmentation on the nose (and lips). On the merles it is permissible to have small pink spots; however, they should not exceed 25% of the nose on dogs over one year of age, which is a serious fault. *Teeth:* -A full comple-ment of strong white teeth should meet in a scissors bite or may meet in a level bite. *Disqualifications:* -Undershot. Overshot greater than 1/8 inch. Loss of contact caused by short center incisors in an otherwise correct bite shall not be judged undershot. Teeth broken or missing by accident shall not be penalized.

- Neck, Topline, Body

Neck is strong, of moderate length, slightly arched at the crest, fitting well into the shoulders. *Topline:* -Back is straight and strong, level and firm from withers to hip joints. The croup is moderately sloped. Chest is not broad but is deep with the lowest point reaching the elbow. The ribs are well sprung and long, neither barrel chested nor slab-sided. The underline shows a moderate tuck-up. Tail is straight, docked or naturally bobbed, not to exceed four inches in length.

- Forequarters

Shoulder blades are long, flat, fairly close set at the withers and well laid back. The upper arm, which should be relatively the same length as the shoulder blade, attaches at an approximate right angle to the shoulder line with forelegs dropping straight, perpendicular to the ground. Legs straight and strong. Bone is strong, oval rather than round. Pastern is medium length and very slightly sloped. Front dewclaws may be removed. Feet are oval, compact with close knit, well arched toes. Pads are thick and resilient.

- Hindquarters

The width of the hindquarters is equal to the width of the forequarters at the shoulders. The angulation of the pelvis and upper thigh corresponds to the angulation of the shoulder blade and upper arm, forming an approximate right angle. Stifles are clearly defined, hock joints moderately bent. The hocks are short, perpendicular to the ground and parallel to each other when viewed from the rear. Rear dewclaws must be removed. Feet are oval, compact with close knit, well arched toes. Pads are thick and resilient.

- Coat

Hair is of medium texture, straight to wavy

weather resistant and of medium length. The undercoat varies in quantity with variations in climate. Hair is short and smooth on the head, ears, front of forelegs and below the hocks. Backs of forelegs and britches are moderately feathered. There is a moderate mane and frill, more pronounced in dogs than in bitches. Non-typical coats are severe faults.

- Color

Blue merle, black, red merle, red-all with or without white markings and/or tan (copper) points, with no order of preference. The hairline of a white collar does not exceed the point of the withers at the skin. White is acceptable on the neck (either in part or as a full collar), chest, legs, muzzle underparts, blaze on head and white extension from underpart up to four inches, measuring from a horizontal line at the elbow. White on the head should not predominate, and the eyes must be fully surrounded by color and pigment. Merles characteristically become darker with increasing age. *Disqualifications:* -White body splashes, which means white on body between withers and tail, on sides between elbows and back of hindquarters in all colors.

- Gait

The Australian Shepherd has a smooth, free and easy gait. He exhibits great agility of movement with a well-balanced, ground covering stride. Fore and hind legs move straight and parallel with the center line of the body. As speed increases, the feet (front and rear) converge toward the center line of gravity of the dog while the back remains firm and level. The Australian Shepherd must be agile and able to change direction or alter gait instantly.

- Temperament

The Australian Shepherd is an intelligent, active dog with an even disposition; he is good natured, seldom quarrelsome. He may be somewhat reserved in initial meetings. *Faults:* -Any display of shyness, fear or aggression is to be severely penalized.-

- Disqualifications

Undershot. Overshot greater than 1/8 inch. White body splashes, which means white on body between withers and tail, on sides between elbows and back of hindquarters in all colors.

Effective January 1, 1993

Fédération Cynologique Internationale FCI

FCI-STANDARD No. 342 - Australian Shepherd - Approved July 24, 1996

Classification FCI:

Group 1	Sheepdogs and Cattle Dogs
Section 1	Sheepdogs Without working trial

General Appearance:

The Australian Shepherd is well balanced, slightly longer than tall, of medium size and bone, with colouring that offers variety and individuality. He has a docked or natural bobbed tail.

Behavior / Character:

The Australian Shepherd is an intelligent working dog of strong herding and guarding instincts. He is a loyal companion and has the stamina to work all day. With an even disposition, he is good natured, seldom quarrelsome. He may be somethat reserved in initial meetings.

Size Proportion / Substance:

- *Size:* The preferred height for males is 20-23 inches (51-58 cm), females 18-21 inches (46-53 cm). Quality is not to be sacrified in favor of size.
- *Proportion:* Measuring form the breastbone to rear of thigh and from top of the withers to the ground. The Australian Shepherd is slightly longer than tall.
- *Substance:* Solidly built with moderate bone. Structure in the male reflects masculinity without coarseness. Bitches appear feminine without being slight of bone.

Head:

The head is clean cut, strong and dry. Overall size should be in proportion to the body.
- *Muzzle:* Equal in length or slightly shorter than the back skull. Viewed from the side the topline of the back skull and muzzle form parallel planes. divided by a moderate, well defined stop. The muzzle tapers little from base to nose and is rounded at the tip.
- *Expression:* Showing attentiveness and intelligence, alert and eager. Gaze should be keen but friendly.
- *Eyes:* Brown, blue, amber or any variation or combination thereof, including flecks and marbling. Almond shaped, not protruding nor sunken. The blue merles and blacks have black pig-

mentation on eye rims. The red merles and reds have liver (brown) pigmentation on eye rims.
- *Ears:* Triangular, of moderate size and leather, set high on the head. At full attention they break forward and over, or to the side as a rose ear. Prick ears and hanging ears are severe faults.
- *Skull:* Top flat to slightly domed. It may show a slight occipital protuberance. Lenght and width are equal.
- *Stop:* Moderate, well-defined
- *Nose:* Blue merles and blacks have black pigmentation on the nose (and lips). Red merles and res have liver (brown) pigmentation on the nose (and lips). On the merles it is permissible to have small pink spots; however, they should not exceed 25% of the nose on dogs over one Year of age, which is a serious fault.
- *Teeth:* A full complement of strong white teeth should meet in a scissors bite or may meet in a level bite.
- *Disqualifications:* Undershot or overshot greater than 1/8 inch (0,3 mm). Loss of contact caused by short center incisors in an otherwise correct bite shall not be jugded undershot. Teeth broken or missing by accident shall not be penalized.

Neck, Topline, Body

- *Neck:* Strong, of moderate length, slightly arched at the crest, fitting well into the shoulders.
- *Topline:* Back straight and strong, level and firm from withers to hip joints.
- *Croup:* Moderately sloped.
- *Chest:* Not broad, but deep with the lowest point reaching the elbow.
- *Ribs:* Well sprung and long, neither barrel chested nor slab-sided.
- *Underline:* Shows a moderate tuck-up.
- *Tail:* Straight, docked or naturally bobbed, not to exceed four inches (10 cm) in length.

Forequarters:

- *Shoulders:* Shoulder blades long, flat, fairly close set at the withers and well laid back. The upper arm, which should be relatively the same length as the shoulder blade, attaches at an approximate right angle to the shoulder line with forelegs dropping straight, perpendicular to the ground.
- *Legs:* Straight and strong. Bone strong, oval rather than round.
- *Pastern:* Medium length and very slightly sloped. Front dewclaws may be removed.
- *Feet:* Oval, compact with close knit, well arched toes. Pads are thick and resilient.

Hindquarters:

The width of the hindquarters is equal to the width of the forequarters at the shoulders.
The angulation of the pelvis and upper

thigh corresponds to the angulation of the shoulder blade and upper arm, forming an approximate right angle.
- *Stifles:* Clearly defined, hock joints moderately bent.
- *Hocks:* Short, perpendicular to the ground and parallel to each other when viewed from the rear. Rear dewclaws must be removed.
- *Feet:* Oval, compact with close knit, well arched toes. Pads thick and resilient.

Coat:

- **Hair:** Of medium texture, straight to wavy, weather resistant and of medium length. The undercoat varies in quantity with variations in climate. Hair is short and smooth on the head, ears, front of forelegs and below the hocks. Backs of forelegs and britches are moderately feathered. There is a moderate mane and frill, more pronounced in dogs than in bitches. Non-typical coats are severe faults.

- **Color:** Blue merle, black, red merle, red-all with or without white markings and/or tan (copper) points, with no order of preference. The hairline of a white collar does not exceed the point of the withers at the skin. White is acceptable on the neck (either in part or as a full collar), chest, legs, muzzle underparts, blaze on head and white extension from underpart up to four inches, measuring from a horizontal line at the elbow. White on the head should not predominate, and the eyes must be fully surrounded by color and pigment. Merles characteristically become darker with increasing age. Disqualifications: White body splashes, which means white on body between withers and tail, on sides between elbows and back of hindquarters in all colors.

Gait:

The Australian Shepherd has a smooth, free and easy gait. He exhibits great agility of movement with a well-balanced, ground covering stride. Fore and hind legs move straight and parallel with the center line of the body. As speed increases, the feet (front and rear) converge toward the center line of gravity of the dog while the back remains firm and level. The Australian Shepherd must be agile and able to change direction or alter gait instantly.

Faults:

Any departure of foregoing points should be considered a fault and the seriousness with which the fault should be regarded should be in exact proportion to its degree.

- *Disqualifications:* Undershot or overshot greater than 1/8" (0,3 mm).

White body splashes, which means white on body between withers and tail, on sides between elbows and back of hindquarters in all collors.

N.B.: Male animals should have two apparently normal testicles fully descended into the scrotum.

Notizen:

Kapitel 4

Grundlagen der Zucht

- Genetik
- Farbvererbung
- Bekämpfung erblicher Defekte
- Merle-Syndrom
- Hüftgelenksdysplasie (HD)
- Progressive Retinaatrophie (PRA)
- Kryptorchismus
- Eklampsie
- Kupieren der Ruten

Bevor ich Ihnen die »Grundlagen der Zucht« näher bringen möchte, erlauben Sie mir ein paar persönliche Anmerkungen zum Züchten allgemein. Zunächst die Frage:

„Wer sollte Australian Shepherds züchten ?"

Grundsätzlich alle diejenigen, die über entsprechende Zuchttiere verfügen und damit meine ich Hunde, die den in Kapitel 3 beschriebenen Anforderungen des Rassestandard, wie ihn der ASCA bzw. FCI festgelegt hat, entsprechen. »Züchten« heißt »veredeln« und mit Tieren, die nicht optimal sind, lässt sich eine Rasse nun mal nicht veredeln oder das Zucht-Niveau auf Dauer erhalten.

Sicherlich ist es so, dass jeder seinen Hund liebt und ihn für etwas ganz besonderes hält. Dadurch manifestiert sich schnell der Gedanke, dass man doch so ein wundervolles Tier der Zucht zur Verfügung stellen möchte. Doch wie heißt es so schön:

„Liebe macht blind !"

Mangelnde Sachkenntnis und die Unfähigkeit zu einer objektiven Beurteilung eines Rüden oder einer Hündin, kann man aber leider nicht nur durch Liebe zu seinem vierbeinigen Freund wettmachen. Es gehört mehr dazu!

Sollten wir das Züchten also ausschließlich den »Profis« überlassen? Nein! Denn eine gute »Hobbyzucht« ist die Basis zum gesunden Fortbestand jeder Rasse. Bevor wir aber irgendeinen Rüden mit irgendeiner Hündin paaren, sollten wir uns ein paar Gedanken über die »Güte« der Nachzucht machen. Besonders auch darüber, ob vielleicht das eine oder andere Gen der möglichen Eltern nicht zusammenpasst. Die »Kunst der Hundezucht« entwickelt sich erst durch Erfahrung und Ausbildung. Der gute Züchter wird sich also auskennen mit Vererbungsvorgängen, Erbkrankheiten sowie mit Wesens- und Erscheinungsmerkmalen der zu züchtenden Australian Shepherds.

Darüber hinaus muss natürlich die nötige Zeit und der entsprechende Raum zur Verfügung stehen. Welpen entwickeln sich bekanntlich nicht besonders gut in einem Zwinger oder einer Kiste.

Weiter möchte ich hier nicht auf all die Dinge eingehen, mit denen sich bereits vor dem Erscheinen dieses Buches, Generation von Hundebuchautoren befasst haben.

Empfehlen kann ich Ihnen, für den Fall, dass sie sich zum Thema »Allgemeine Hundezucht« bilden wollen, das Buch: »Technik der Hundezucht« von Dr. Dieter Fleig, im »Kynos-Verlag«.

Ich selbst möchte Ihnen hier einige wichtige Punkte nahe bringen, die Sie beachten sollten, wenn Sie sich mit der Zucht von Australian Shepherds befassen wollen.

- Genetik
- Farbvererbung
- Erbliche Defekte
- Merle-Syndrom
- Hüftgelenksdysplasie
- Progressive Retinaatrophie
- Kryptorchismus
- Eklampsie
- Kupieren der Rute

Hunderassen sind leider einer gewissen Mode unterworfen. Erinnern wir uns an die sechziger und siebziger Jahre, als noch Pudel, Dackel und Cocker-Spaniel die bevorzugten Hunde waren. Heute sehen wir am häufigsten Westhighland-Terrier und Golden Retriever.

Für die entsprechenden Hunderassen und ihre ernsthaften Züchter ist das zunächst zwar erfreulich, aber auf Dauer sicherlich kein Segen. Die Nachfrage nach diesen Hunden ruft leider auch die »schwarzen Schafe« der Branche auf den Plan, da ein riesiger Profit lockt. Sie verfahren nicht nach den strengen Regeln der Zuchtverbände, sondern »produzieren« in ihren »Hundefabriken«, meist im benachbarten Ausland gelegen, »Rassehunde« am Fließband. Die Tiere, besonders die Hündinnen, sind grausam misshandelte Kreaturen, die als sog. »Wurfmaschinen« missbraucht werden, um dann nach einigen Würfen auf meist brutale Weise, von ihrem furchtbaren Schicksal erlöst zu werden.

Bei diesen Verhältnissen, darf man auch wohl davon ausgehen, dass sich diese »Züchter« um die Verhinderung genetischer Fehler einen »feuchten Kehricht« kümmern. Wie die Nachzucht dieser Rassen in ein paar Jahren aussieht, interessiert sie nicht, denn dann sind wieder andere Rassen modern, die vermarktet werden können. Hauptsache, der Hund ist hübsch anzusehen und somit gut zu verkaufen. Hoffen wir also, dass der Australian Shepherd in Deutschland niemals ein »Modehund« wird.

Leider gibt es in den U.S.A. ebenfalls besagte »Hundefabriken«, die dort auch »Hundefarmen« genannt werden, in denen auch Australian Shepherds »hergestellt« werden. In der Hoffnung möglichst viele, leicht verkäufliche, »blue merle« Aussies zu erhalten, paart man merlefarbene Tiere untereinander und nimmt dabei billigend in Kauf, dass ~25 % der Welpen genetische Fehler aufweisen können. Diese werden dann entweder sofort getötet oder gehen zu niedrigen Preisen an Versuchlabors. Die Folgen für die kleineren Züchter, die mit wenigen Hunden eine Hobbyzucht betreiben und sich dadurch ein Zusatzeinkommen erwirtschaften, bestehen m.E. darin, ebenfalls entsprechende Hunde züchten zu müssen, um am Markt bestehen zu können.

Bei den Recherchen zu diesem Buch habe ich etliche »Pedigrees«, von in Deutschland lebenden, aber in Amerika gezogenen Hunden, zu Gesicht bekommen, bei denen bis zu fünf Generationen zurück, fast ausschließlich merle x merle gekreuzt worden ist. Selbst bei Züchtern, die sich selbst die Buchstaben ASCA groß auf die eigene Fahne geschrieben haben, fand ich solche Paarungen. Doppelte Moral? - „Business as usual!".

Die richtige Wahl des Rüden und der Hündin, sind der Garant für eine erfolgreiche Zucht!

Genetik

Um nun aber zu verstehen, warum es zu genetischen Störungen kommt, müssen wir uns mit der Genetik und der Vererbung beim Australian Shepherd auseinander setzen. Beginnen wir zunächst mit der Genetik der Australian Shepherds. Das wirft erstmal die Frage auf: „Was sind »Gene« und was bewirken sie?"

Das Gen ist der Träger der Erbanlagen und bestimmt zusammen mit Umwelteinflüssen die Ausbildung eines bestimmten Merkmales. Je nachdem, ob entsprechende (allele) Erbanlagen, welche die Nachkommen von ihren Eltern mitbekommen haben, gleich oder ungleich sind, spricht man von rein- oder von mischerbigen Merkmalen bzw. Individuen (Homozygotie, heterozygot); bei Mischerbigkeit kann das eine allele Gen dominant (Dominanz) und damit das andere rezessiv sein oder beider Einfluss auf die Merkmalsausbildung ist etwa gleich stark (intermediäre Vererbung). Die Farbgene beim Aussie sind:

Allel	Auswirkung	Bemerkung
	Bestimmt die Grundfarbe.	
B	Erzeugt schwarze Pigmente.	Entspricht dem ASCA-Rassestandard.
b	Erzeugt rote Pigmente.	Entspricht dem ASCA-Rassestandard.
	Bestimmt die Tiefe der Pigmentierung.	
C	Erzeugt die volle Tiefe der Pigmentierung.	
c^{ch}	Chinchilla; erzeugt helle Schattierungen durch eine Pigmentreduzierung in Anzahl und Größe; beeinflußt nicht die schwarzen Pigmente; könnte ausschlaggebend für eine Aufhellung der Augen sein.	
c^{e}	Die Auswirkung dieses Allels ist nicht genau bekannt. Wahrscheinlich verdünnt es »rot« zu »beige«; hat geringe Auswirkung auf »schwarz«.	Beige ist keine akzeptierte Farbe nach dem ASCA-Rassestandard.
c^{a}	Im homozygoten Zustand erzeugt es »Albinismus«; der Welpe ist reinweiß mit roten Augen.	Sehr selten; Albinos sind nach ASCA-Rassestandard nicht akzeptabel.
	Verändert die Grundfarben »schwarz« oder »rot«, durch Verminderung eines Enzymes, das zur vollen Farberzeugung nötig ist, in »kupfer«. Allele dieser Reihe bestimmen außerdem den Bereich des Körpers, an dem diese Modifikationen auftreten.	
A^{s}	Verteilt die Grundpigmente über den gesamten Körper.	Erzeugt Australian Shepherds ohne kupferne Abzeichen; entspricht dem ASCA-Rassestandard.
a^{y}	Schränkt die Bereiche der Grundfarben so ein, daß es zu einem zobelartigem Fell kommt, im Extremfall zu einem einfarbigen »gelbbraun«.	Nach ASCA-Rassestandard nicht akzeptabel.
a^{t}	Vermindert die Pigmente in den folgenden Bereichen und erzeugt dort die typischen »kupfernen« Abzeichen: an der Schnauze, im Kehlenbereich, über den Augen, unter dem Bauch, an den Beinen, auf den Pfoten und um den Anus.	Erzeugt Australian Shepherds mit kupfernen Abzeichen; entspricht dem ASCA-Rassestandard.
	Bestimmt die Intensität der Grundfarben	
D	Sorgt für eine normale Intensität der Grundfarben	Alle reingezüchteten Australian Shepherds sind »DD«.
d	Erzeugt eine oberflächlich, bläulich verdünnte Farbe; nicht mit dem »blau« des »blue merle« zu verwechseln.	Nach ASCA-Rassestandard nicht akzeptabel.

Gen	Allel	Auswirkung	Bemerkung
E		Eine komplizierte Gruppe von Allele, welche die Grundpigmente in vielfacherweise verändern.	
	E^m	Erzeugt eine schwarze »Masken-Zeichnung«; verdrängt »kupfer«; wenn vorhanden, dann am Kopf.	Bisher bei reingezüchteten Australian Shepherds nicht aufgetreten.
	E	Keinen Einfluß, wenn das Grundpigment schwarz ist; verändert »rot« zu »braun«.	Braun ist keine akzeptierte Farbe nach dem ASCA-Rassestandard.
	e^{br}	Erzeugt eine dunkle Marmorierung der Grunfdfarbe.	Bisher bei reingezüchteten Australian Shepherds nicht aufgetreten. Nach ASCA-Rassestandard nicht akzeptabel.
G		Bestimmt die Farbpigmentierung im Alter.	
	G	Erzeugt eine fortschreitende Ergrauung des einfarbenen Hundes von der Geburt bis ins Alter; nicht zu verwechseln mit der Altersergrauung.	Bisher bei reingezüchteten Australian Shepherds nicht aufgetreten.
	g	Erzeugt keine Ergrauung .	Alle reingezüchteten Australian Shepherds sind »gg«.
M		Verantwortlich für die zwei Grundmuster »solid« also einfarbig und »merle«.	
	M	Erzeugt unregelmäßige Flecken durch Verdünnung der Grundfarben; im heterozygoten Zustand (Mm) kommt es zu der typischen Merle-Zeichnung. Im homozygoten Zustand (MM) erzeugt es eine übermäßige Verdünnung der Grundfarben, resultierend in nahezu vollständig weißen Individuen, die meist blind oder taub sind, als Resultat einer pleiotropischen Veränderung der Gene.	Heterozygotes Merle entspricht dem ASCA-Rassestandard. Homozygotes Merle, äußerlich erkennbar an übermäßig viel »weiß«, ist aufgrund der häufig auftretenden Augen- und Ohrende-fekte nicht akzeptabel.
	m	Erzeugt die einfarbigen (solid) Grundfarben im homo zygoten Zustand.	Entspricht dem ASCA-Rassestandard.
S		Erzeugt die weißen Abzeichen an den verschiedensten Stellen des Körpers	
	S	Erzeugt keine oder nur sehr kleine weiße Punkte auf Pfoten und Brustkorb.	Entspricht dem ASCA-Rassestandard.
	s^i	Erzeugt weiße Abzeichen in folgenden Bereichen: Schnauze, Stirn, Pfoten und Beine, Brustkorb und Nacken.	Entspricht dem ASCA-Rassestandard.

Gen		Auswirkung	Bemerkung
		Erzeugt »weiße Abzeichen« ähnlich wie s^i, allerdings mit einem Anteil bis zu ca. 85 %. Erscheint auch auf anderen Körperstellen als bei s^i.	Nach ASCA-Rassestandard nicht akzeptabel, obwohl es bei reinrassigen Australian Shepherds auftritt. Es könnte durch Vermischung, phänotypisch dem Weiß gleichen, welches durch das homozygote Merle erzeugt wird.
		Erzeugt »weiß« in extremer Form. Verdrängt dunklere Farben bis auf ein Ohr, Auge oder einem Fleck am Schwanz.	Nach ASCA-Rassestandard nicht akzeptabel, wie bei s^p.
T		Bestimmt ob dunkle Flecken in weißen Abzeichen erscheinen.	
		Erzeugt »Sommersprossen« in weißen Abzeichen, bestimmt durch Gene in anderen Bereichen.	
		Erzeugt keine »Sommersprossen«, die weißen Abzeichen sind klar.	

Nachdem wir also die Farbgene der Australian Shepherds kennen gelernt haben, müssen wir uns als nächstes mit der Vererbungslehre befassen.

Erinnern wir uns an die in der Schule gelernten »Mendelschen Gesetze«. Gregor Mendel erkannte die drei Grundregeln, welche die Weitergabe von Erbanlagen beschreiben:

1.) Uniformitätsregel:

Kreuzt man reinerbige (homozygote) Individuen (P-Generation) miteinander, die sich nur in einem einzigen Merkmal unterscheiden, so sind deren Nachkommen (F1-Generation) untereinander alle gleich (uniform), d.h. für das betreffende Gen mischerbig (heterozygot). War das Merkmal dominant, bestimmt es die äußere Erscheinung, den Phänotyp. Wenn die Nachkommen der F1-Generation im Phänotyp zu gleichen Teilen beiden Eltern ähnlich sehen liegt ein intermediärer Erbgang vor.

2.) Spaltungsregel:

Werden heterozygote Individuen der F1-Generation untereinander gekreuzt, so sind ihre Nachkommen (F2-Generation) nicht alle gleich, sondern es treten neben heterozygoten auch homozygote Individuen auf. Bei Dominanz eines der beiden Merkmale erfolgt eine Aufspaltung im Verhältnis 3:1 (Dominanzregel).

3.) Gesetz der freien Kombinierbarkeit der Gene:

Werden Individuen miteinander gekreuzt, die sich in mehr als einem Merkmalspaar voneinander unterscheiden, gilt für jedes einzelnen Merkmalspaar die Uniformitäts- und die Spaltungsregel. Die freie Kombinierbarkeit gilt jedoch nur für Genpaare die auf verschiedenen Chromosomen liegen.

Farbvererbung

Die wichtigste Erkenntnis in Bezug auf die Farbvererbung bei den Australian Shepherds ist: **Schwarz dominiert immer über rot!**

1.) Ein Hund mit zwei schwarzen Genen **(BB)** ist schwarz. Die Nachzucht aus zwei rein schwarzen Hunden wird folglich ausschließlich »schwarz« sein.

2.) Ein Hund mit einem schwarzen und einem roten Gen **(Bb)** ist schwarz. Diese Hund bezeichnet man als »red factored«.

3.) Ein Hund mit zwei roten Genen **(bb)** ist rot. Zwei rein rote Elterntiere werden eine 100%ig rote Nachzucht haben.

Kreuzt man 1.) mit 3.) wird die Nachzucht (Bb) durchweg schwarz/red factored sein. Kreuzt man 2.) mit 3.) wird die Nachzucht rein schwarz (BB), rein rot (bb) und auch schwarz/red factored (Bb) sein.

» CH Gitalong's DarkSide O'The Moon«
*(male, black/w/c, * 05.12.1989)*
(CH Topper's Ace Of Spades ∞
CH Blue Moon On Stillwaters)
Züchter: Kristine Martinson, USA
Besitzer: Mary & Peter Hellmeister,
Königswinter

Das »rote Gen« vererbt sich rezessiv weiter, d.h. selbst wenn ein mehrere Generationen zurückliegender Vorfahre »rot« war, kann sich sein Erbgut auf einen Teil seiner Nachkommen auswirken. (siehe auch Abb. folg. Seiten)

Bekämpfung erblicher Defekte

Erbliche Defekte und Krankheiten kommen in jeder Zucht und bei jeder Tierart vor. Sie sind durch Mutationen hervorgerufene Änderungen der Erbanlagen, die sich als Erkrankungen des Organismus auswirken. Die mutierten Gene werden nach den Mendelschen Gesetzen auf die Nachkommen vererbt. Re-

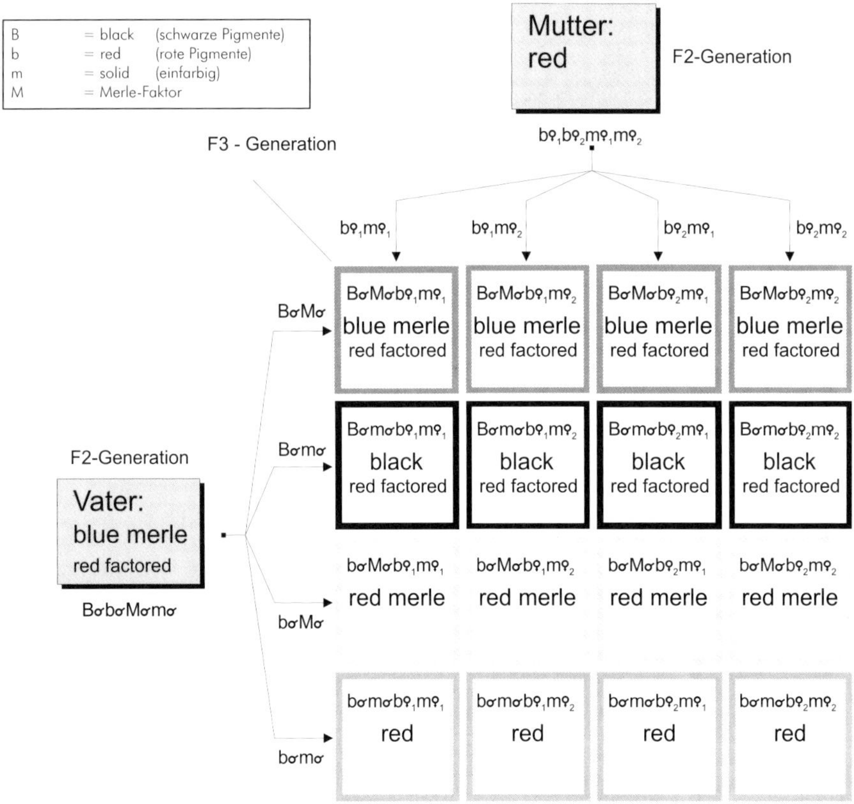

Die Nachzucht dieser Anpaarung besteht theoretisch aus 25% »blue merle», 25% »solid black«, 25% »red merle« und 25% »solid red«

zessive krankhafte Anlagen werden erst offenbar, wenn sie, von beiden Eltern übernommen, homozygot, d.h. in beiden einander entsprechenden Chromosomen gleichermaßen vorhanden sind. Daher kann eine rezessive krankhafte Erbanlage auch mehrere Generationen überspringen, bevor sie sich wieder als Krankheit offenbart. Dominant vererbte krankhafte Anlagen dagegen führen bei den betroffenen Tieren mit einer Wahrscheinlichkeit von 50% zu einer Erkrankung ihrer Nachkommen. Manche Erbkrankheiten sind geschlechtsgebunden,

»Odysees Chansey« (links stehend) mit ihren Töchtern »Chancey's Dynamite« (rechts) und »Chansey's Blue Sand«
Foto: Zimmermann

d.h. sie treten entweder nur bei Rüden oder nur bei Hündinnen auf.

Genetische Defekte können von unterschiedlicher Herkunft sein. Zum einen durch Vererbung, d.h. der Welpe hat die defekten Gene seit seiner Geburt, also »geerbte Defekte« und zum anderen durch umweltbedingte Einflüsse. Diese können durch Gifte, Chemikalien oder auch schwerem Schock zu einer Veränderung des Erbgutes führen. Man spricht dann von »erworbenen Defekten«. Die dritte Kategorie sind die sog. »Erbumweltkrankheiten«, die überwiegend umweltbedingt sind.

Um herauszufinden, ob eine Erbkrankheit nun geerbt oder erworben ist, bzw. woher sie möglicherweise stammt, sollte man folgenden Fragen nachgehen:

1.) gab es Tiere mit gleichem Defekt, bei gleichen Eltern in einem vorherigen Wurf ?

2.) gibt es Vorfahren mit gleichen oder ähnlichen Defekten ?

3.) wie groß ist die Anzahl der defekten Tiere in diesem Wurf, in einem vorherigen Wurf oder im Stammbaum ?

4.) besteht die Möglichkeit, dass die Mutter während der Trächtigkeit mit Giften, Chemikalien oder Drogen in Kontakt gekommen ist?

5.) war die Mutter während der Trächtigkeit krank ?

Die Erforschung von vererbbaren »erworbenen Gen-Defekten« ist äußerst schwierig, da der Hund, der diese Fehler erworben hat, nicht selbst an den veränderten Genen erkrankt. Umso beunruhigender ist die Tatsache, dass die Defekte erst dann auftreten, wenn ein Tier mit solchen »schadhaften Erbanlagen« seine Gene bereits unter seiner Nachkommenschaft verteilt hat. In den meisten Fällen gibt nur die Analyse eines Genetikers, Aufschluss über die Vererbbarkeit der aufgetretenen Defekte. Wie aber lässt sich nun die Weitergabe dieser schadhaften Erbanlagen eindämmen? Bei einem dominanten Gen ist dies relativ einfach: das offensichtlich durch

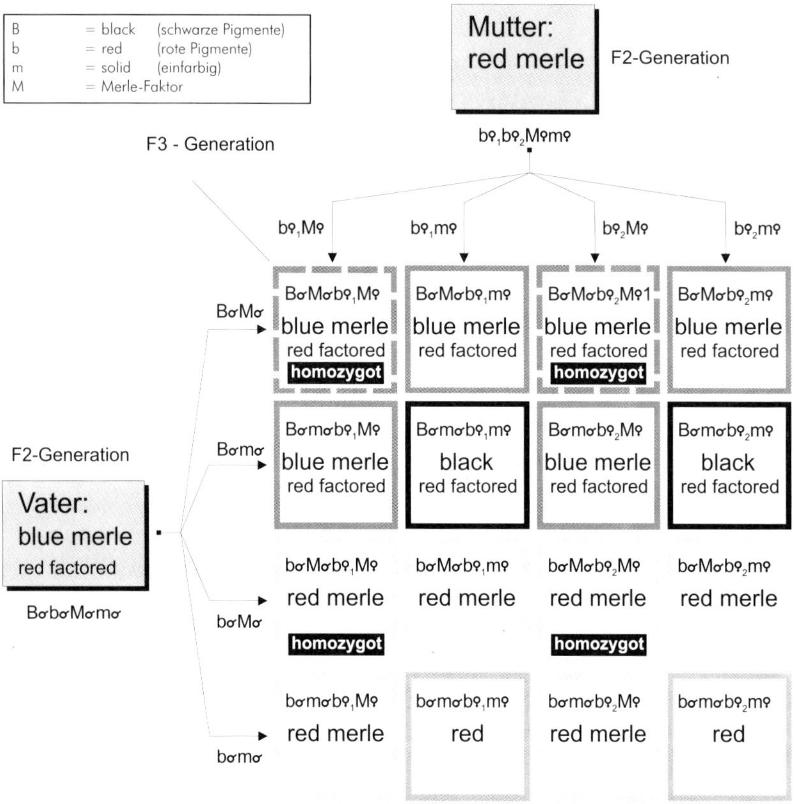

Die Nachzucht dieser Anpaarung besteht theoretisch aus 25% »blue merle«, 12,5% »solid black«, 25% »red merle«, 12,5% »solid red« und aus 25% »homozygoten Merletypen«, die wahrscheinlich alle mit Defekten behaftet sind.

das schadhafte Erbgut beeinflusste Tier wird von der Zucht ausgeschlossen.

Ist das defekte Gen allerdings rezessiv, d.h. es tritt gegenüber seinem allelen Partner nicht in Erscheinung, ist es äußerst schwierig, betroffene Tiere auszumachen um sie aus der Zucht zu nehmen.

Die Mehrheit der, in den letzten Jahren, dokumentierten Erbkrankheiten sind

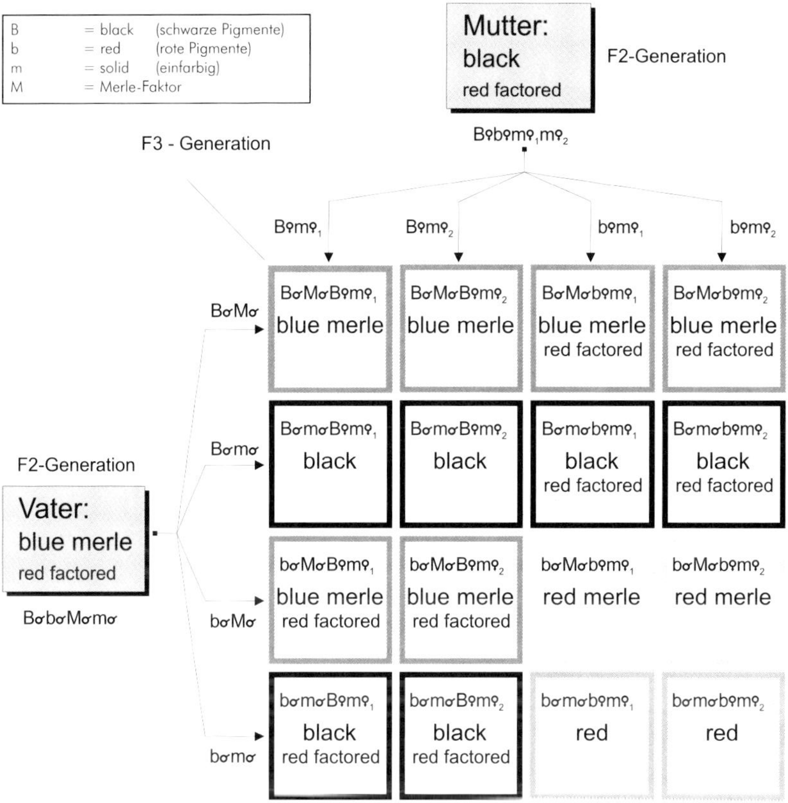

Die Nachzucht dieser Anpaarung besteht theoretisch aus 37,5% »blue merle«, 37,5% »solid black«, 12,5% »red merle« und 12,5% »solid red«.

autosomal rezessiv. Das ergaben die Ergebnisse bei homozygot genetisch normalen Tieren, heterozygot genetisch normalen Tieren und homozygot rezessiv beinflussten Tieren. Letztere haben solange das schadhafte Gen an ihre Nachkommen weitergegeben bis alle offensichtlich in Frage kommenden Tiere aus der Zucht genommen wurden. Ebenso die Eltern von einem beeinflussten Tier, auch wenn sie scheinbar selbst nicht von der Erbkrankheit betroffen sind.

Erfolgreiche Züchterin in den USA:
Anna Gibbons aus Tonganoxie/Kansas
mit ihrem Rüden:
»CH Fantasia's Moondancer«

Die Nachzucht von nicht beeinflussten Tieren ist also kein Beweis dafür, dass sie nicht das schadhafte Erbgut auf ihre eigenen Nachkommen übertragen. Je größer die Anzahl der Nachkommen ist, die ohne die Erbkrankheit zur Welt kommen, desto größer ist die Wahrscheinlichkeit, das das verdächtigte Tier nicht Träger des defekten Genotyps ist.

Von Genetikern erstellte Statistiken, die sich mit der Wahrscheinlichkeit der Vererbbarkeit von rezessiv defekten Genen befasste, ergab folgende Ergebnisse:

Wird ein verdächtiges heterozygotes Tier mit einem nachweislich rezessiven Tier gekreuzt, so wird das betroffene Rezessivgen bei den Nachkommen homozygot in Erscheinung treten. Das bedeutet, wenn bei nur einem Nachkommen der Defekt auftritt, ist das verdächtige Tier als Träger des schadhaften Gens ausgemacht.

Die Möglichkeit, dass der »Verdächtige«, trotz unbeeinflusster Nachkommen, Träger des Rezessivgens ist, reduziert sich bei fünf normalen Welpen auf 3% , bei sieben auf 1% und bei zehn gesunden Welpen sogar auf 1‰.

Grundsätzlich sollte eine Vererbung von schadhaften Genen weitestgehend unmöglich gemacht werden. Entweder durch Ausschluss von der Zucht oder was noch sicherer ist, durch Kastration bzw. Sterilisation des betroffenen Hundes.

Die beim Australian Shepherd aufgetretenen Erbkrankheiten sind:

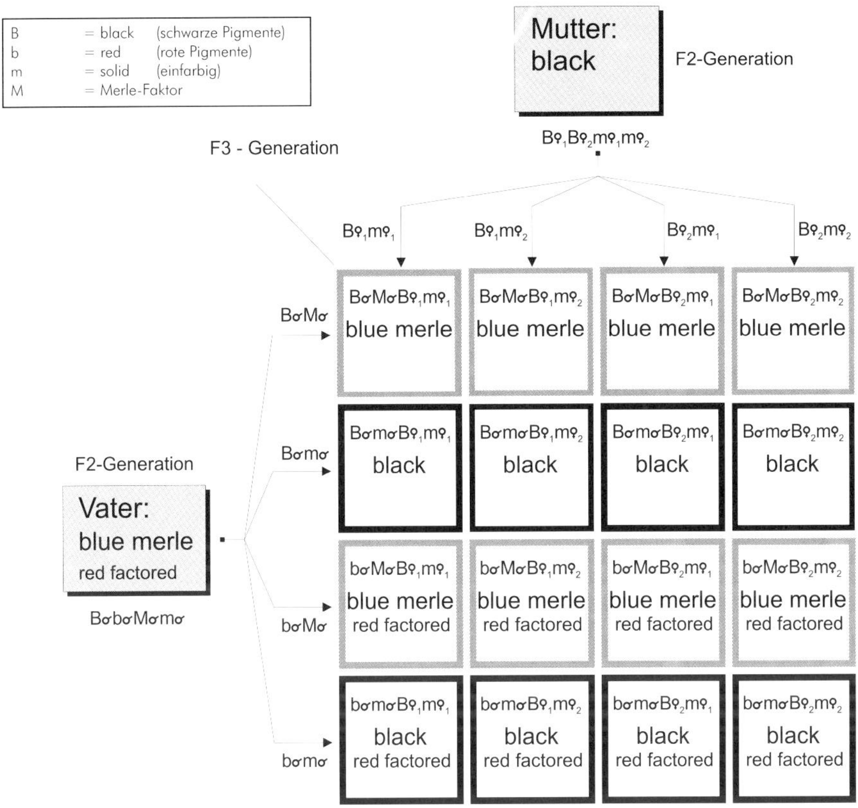

Die Nachzucht dieser Anpaarung besteht theoretisch aus 50% »blue merle» und 50% »solid black«.

Das »Merle-Syndrom«, die »Hüftgelenksdysplasie oder HD«, die »Progressive Retinaatrophie oder PRA«, der »Kryptorchismus« beim Rüden und die »Eklampsie und/oder Tetanie« bei der Hündin. Insgesamt ist die Häufigkeit dieser Erbkrankheiten zwar relativ gering, sollte aber dennoch nicht unterschätzt werden, und durch gezielte Maßnahmen deren Ausbreitung, gerade in Bezug auf eine steigende Population der Australian Shepherds, unterbunden werden. Aufklärung und Vorbeugung sind m.E. dazu die probaten Mittel.

Merle-Syndrom

Beschreibung :

„Beim »Merle-Syndrom« handelt es sich um ein sog. »Pigmentmangelsyndrom«, das sich bei Homozygotie des Merle-Faktors herausbildet. Neben dem erwünschten Aufhelleffekt in der Farbe (Scheckung) treten in der Expressivität stark variierende, multiple kongenitale Augen- und Ohrendefekte sowie Reproduktionsstörungen auf."

Genetik :

„Das unvollständig autosomal dominante Merle-Gen **M** bewirkt eine unregelmäßige Sprenkelung zweier (in der Regel) oder mehrerer (in seltenen Fällen) Farbtöne, heterozygot Glasäugigkeit; bei homozygoten darüber hinaus siehe bei Beschreibung des »Merle-Syndroms«." (dazu auch Seite 103ff und Seite 128)

Erläuterung :

Die Gene eines merlefarbenen Hundes bestehen im heterozygoten Zustand aus je einem »Einfarbigkeitsgen - **m**« und einem »Merle-Gen - **M**«.

Wenn nun zwei Hunde mit diesen gleichen Erbinformationen miteinander verpaart werden, kann es bei 25% der Nachkommen zu homozygotischen Merletypen kommen, welche äußerlich durch übermäßig viel weißem Fell zu erkennen sind. Warum sich das reinerbige Merle-Gen beim Fötus auf die Sinnesorgane auswirkt, ist bis heute noch nicht erforscht. Dagegen ist unumstritten, dass es sich in Form von Taubheit, Blindheit und/oder

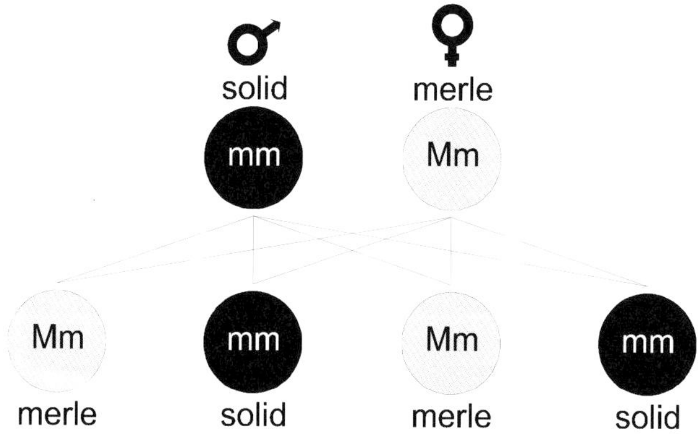

Vererbung des Merle-Gen zwischen einem einfarbigen(solid) und einem merlefarbenen Hund. Die merlefarbenen Nachkommen sind alle heterozygot oder mischerbig.

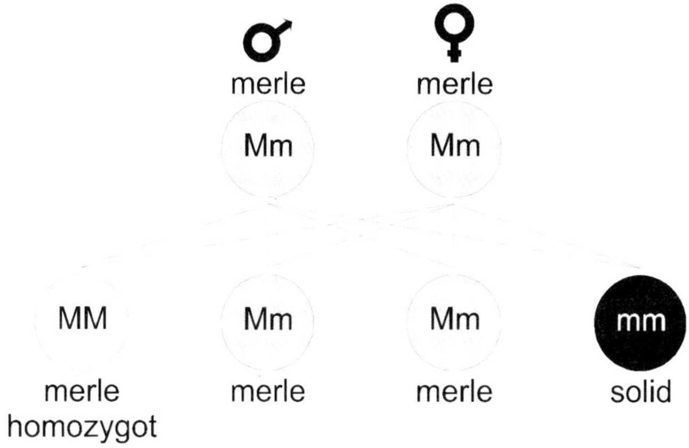

Vererbung des Merle-Gen zwischen zwei merlefarbenen Hunden. 50% der merlefarbenen Nachkommen sind heterozygot, 25% der merlefarbenen Nachkommen sind homozygot.

Beeinträchtigung des Gleichgewichtsorgans auswirkt. Australian Shepherds, die so geboren werden, sollten direkt nach der Geburt von einem Tierarzt eingeschläfert werden.

Bei mischerbigen, also heterozygoten Merles sind solche Defekte bislang nicht aufgetreten und aller Erfahrung nach auch nicht zu erwarten.-

Hüftgelenksdysplasie (HD)

Beschreibung :

„Ein- oder beidseitige Entwicklungsanomalie der Artikulation zwischen Becken und Femur unterschiedlichen Grades."

Genetik :

„Die HD ist offensichtlich polygenetisch bedingt; in fast allen Rassen festgestellt. Große und übergroße Hunde haben gegenüber kleinen ein 50faches und gegenüber mittelgroßen Hunden ein 20faches Risiko. Die Pathogenese ist noch nicht restlos geklärt, als primäre Faktoren werden genannt: eine abgeflachte Gelenkpfanne oder eine Unterentwicklung der Gelenkpfanne oder eine Schlaffheit der Bänder oder eine Verkürzung des Musculus pectineus u.a."

Erläuterung :

Die Hüftgelenksdysplasie ist angeboren und erblich. Sie kommt vorwiegend bei großen Hunderassen vor. Aber auch beim Australian Shepherd kann es zu dieser krankhaften Veränderung des Hüftgelenks kommen.

Äußerliche Veränderungen zeigen sich je nach Grad der Erkrankung durch eine zunehmende Abflachung der Hüftgelenkspfanne und Deckungsungleichheit von Oberschenkelkopf und Hüftgelenkspfanne.

Ab einem Alter von etwa 15 Monaten kann eine Diagnose der HD eindeutig anhand von röntgenologischer Befunde gestellt und durch die Winkelmessung nach *Norberg* objektiviert werden.

Dabei wird eine Verbindungslinie durch die Mittelpunkte der beiden Oberschenkelköpfe gezogen. Die von hier ausgehende Linie zum äußeren Rand der Hüftgelenkspfanne bildet einen Winkel, der bei einem gesunden Hund etwa 105° und bei einem erkrankten Hund kleiner als 105° ist (s. Abb. S.124 u. S.125).

Die HD wird in fünf Grade eingeteilt:

HD A1/A2 = normal, keine Anzeichen von HD
HD B1/B2 = verdächtig für HD
HD C1/C2 = leichte HD

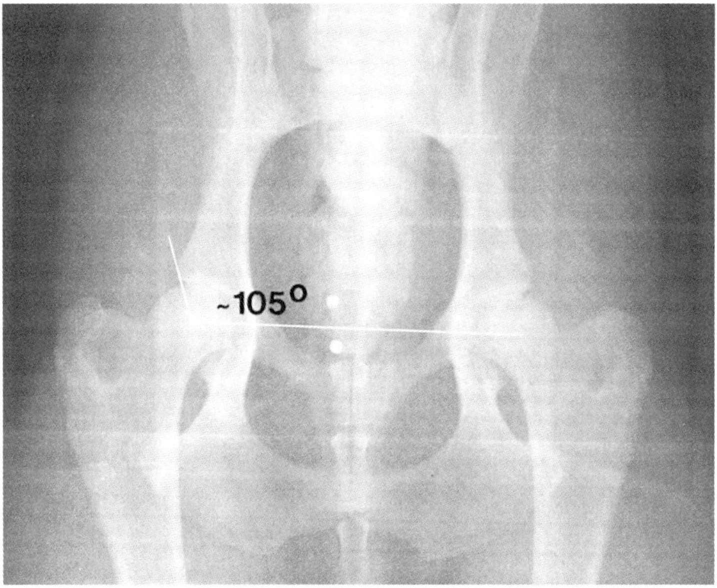

Gesundes Hüftgelenk mit eingezeichneter Winkelung nach Norberg.

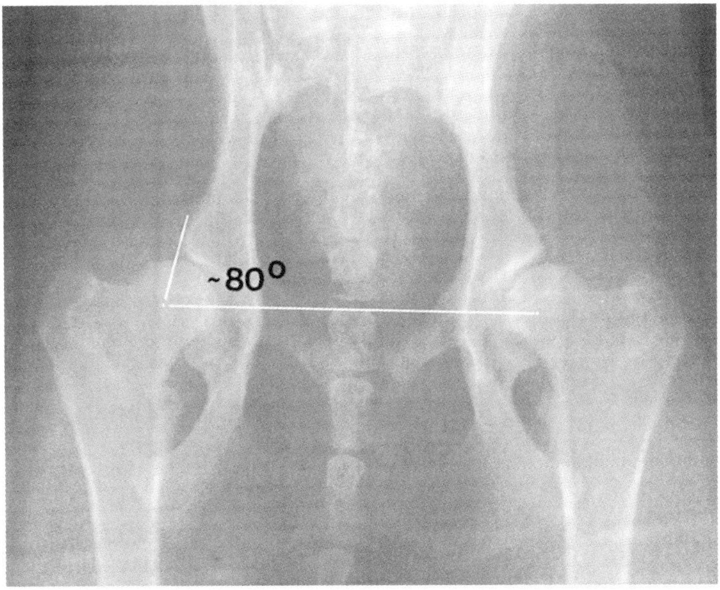

Dysplastisches Hüftgelenk mit eingezeichneter Winkelung nach Norberg.

HD D1/D2 = mittlere HD
HD E1/E2 = schwere HD

Recht unterschiedlich ist die Handhabung dieser HD-Grade. Bei ASCD, ASAG und ASCS wird bis HD B1/B2 noch für die Zucht zugelassen.

Hat der Hund jedoch HD D1/D2 so ist damit zu rechnen, dass er in einem Alter von sechs bis sieben Jahren nicht mehr laufen kann. Bei einem Grad von HD E1/E2 ist die Lebenserwartung des Hundes noch geringer. **Die Hüftgelenksdysplasie ist unheilbar!**

Der Australian Shepherd Club Of America fordert für eine Zuchtzulassung bis heute kein Attest zum HD-Zustand. Dies ist m.E. unverständlich und wird offenbar durch eine Lobby der amerikanischen Züchter blockiert. Bei uns sind es ASCD, ASAG und ASCS die für die Vermittlung von Zuchttieren bzw. Welpen immer auf eine röntgenologische Untersuchung der Hunde bestehen, um die Verbreitung der HD zu bekämpfen.

Verdacht sollte man bei folgenden Merkmalen schöpfen: Der Hund steht wegen der Schmerzen nur mühsam auf und läuft dann aber, wenn auch mit gespanntem Gang. Bei Verdacht können alle gegen Rachitis wirksamen Medikamente einschließlich anaboler Hormone eingesetzt werden. Während des Knochenwachstums ist extreme Bewegungseinschränkung angeraten.

Die HD kann bei einem gesunden Hund nicht von außen herbeigeführt werden, sie kann aber durch Überforderung, zu frühes Treppensteigen in hohen Häusern oder auch durch Haltung auf überwiegend glatten Böden, bei einem veranlagten Welpen gefördert werden.

Erfolgreiche Züchter in den USA: Don & Sheila Hall aus Manor/Texas mit ***»Peppertree's Once Upon a Star« und »CH Peppertree's Starmaker CGC"***

Australian Shepherds, die an der HD erkrankt sind oder aufgrund einer röntgenologischen Untersuchung im Verdacht stehen, HD zu haben, bzw. ein eindeutiger Befund vorliegt, sind unbedingt von der Zucht auszuschließen, da diese Krankheit vererbbar ist.

Als Käufer eines Aussie sollten sie sich in jedem Fall die Atteste der Elterntiere in Kopie aushändigen lassen, um vor bösen Überraschungen geschützt zu sein.

Die röntgenologische Untersuchung kann durch spezialisierte Tierkliniken (Adressen im Anhang) oder aber auch durch jeden gut ausgestatteten Tierarzt vorgenommen werden. Sie wird am narkotisierten Hund vorgenommen. Die Narkose ist notwendig, nicht wegen der zu erwartenden Schmerzen, sondern um einen völlig gelösten und entspannten Hund in der Rückenlage auf dem Röntgentisch fixieren zu können. In der Regel können Sie dieser Prozedur auf Nachfrage beiwohnen.

Der Hund wacht nach ein paar Stunden wieder auf und hat, außer einer vorübergehenden Benommenheit, keine körperlichen Beschwerden oder gar Schmerzen.

ASCD und ASAG bieten ihren Mitgliedern für die HD - Untersuchung, entsprechende Vordrucke an. Wer nicht in einem der beiden Vereine organisiert ist, kann einen Vordruck des VDH bzw. SKG verwenden. In jedem Fall sollte, neben den üblichen Angaben, die Registriernummer des Hundes und der zuchtbuchführende Verein eingetragen werden. Die Röntgenbilder und den »Untersuchungsbogen« schicken Sie an die »FCI-Auswertungsstelle«. Die Adresse finden Sie im Kapitel 5 - Adressen.

Progressive Retinaatrophie (PRA)

Beschreibung :

„Man unterscheidet zwischen zwei Formen der PRA:

1.) die generalisierte PRA
Mit Nachtblindheit beginnende fortschreitende periphere Atrophie der Netzhaut, die zur völligen Erblindung führt.

2.) die centrale PRA (CPRA)
Schwund der Netzhaut bestimmter Netzhautschichten oder -abschnitte, wobei der zentrale Retinabereich zuerst betroffen ist. Neuerdings wird die CPRA auch als Retinapigmentepithel-Dystrophie (RPED) bezeichnet, da es sich um eine Erkrankung des Retinapigmentepithels handelt. Sie soll hier nicht näher erläutert werden.

Genetik :

einfach autosomal rezessiv

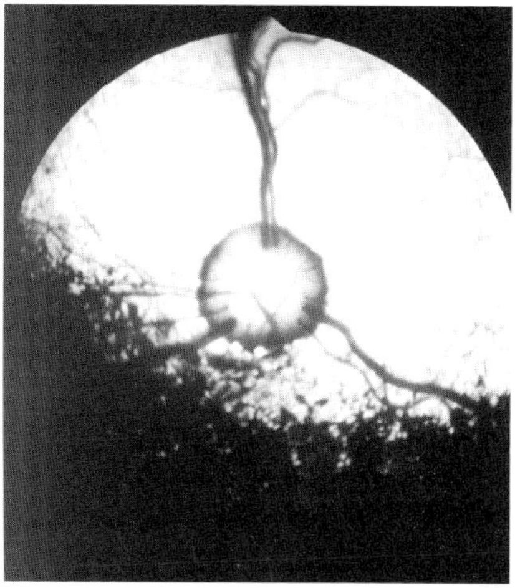

Foto des Augenhintergrundes bei einem gesunden Hund. Die Adern in der Netzhaut sind deutlich zu erkennen. Der Sehnerv (Mitte) wird ausreichend durchblutet, es liegt keine PRA vor.

Erläuterungen :

Unter den Hunden gibt es wahre Künstler, die durch Geruchs- und Tastsinn, gepaart mit einer gehörigen Portion Ortskenntnis, eine langsam eintretende Erblindung lange verschleiern können. Manche plötzlich auftretende Erblindung ist das Endergebnis dieser schleichende Krankheit. Man redet auch von Umzugs- oder Feiertagserblindungen, wenn anlässlich eines Ortwechsels der Hund plötzlich vor Gegenstände stößt, weil sie diese weder dort sehen noch vermuten konnten.

Die mit der PRA zunächst eintretende Nachtblindheit des Hundes, ist in der

Regel der erste Hinweis für den Hundehalter, dass etwas nicht stimmt. Der Hund stößt beim Abendspaziergang plötzlich gegen Bordsteine oder Pfosten.

Da wir mit dem Hund keinen Sehtest im herkömmlichen Rahmen durchführen können, bedienen wir uns eines einfachen aber wirkungsvollen Tests. Lassen Sie ein Stück Watte (geräusch- und geruchslos) mit Abstand vor der Nase des Hundes herunterfallen. Der sehende Hund wird der Watte mit Interesse hinterherschauen.

Eine Unterscheidung zwischen Tag- bzw. Nachtblindheit lässt sich mit diesem Test auch feststellen. Führen Sie die Prozedur einfach bei unterschiedlichen Beleuchtungen durch.

Die endgültige Diagnose wird aber erst der Tierarzt durch eine Ophtalmoskopie stellen. Durch das Einträufeln eines »Mydriaticums«, meist Homatropin, in das Auge, wird eine Weitstellung der Pupille erreicht. Das Medikament erreicht seine Wirkung nach ca. 20 Minuten und hält für rund 4 Stunden an.

Nach der eigetretenen Pupillenweitung kann sich der Tierarzt mit speziellen Untersuchungsgeräten und Lichtquellen (direktes und indirektes Ophtalmoskop und einem Spaltlampenmikroskop einen Einblick vom Inneren des Auges

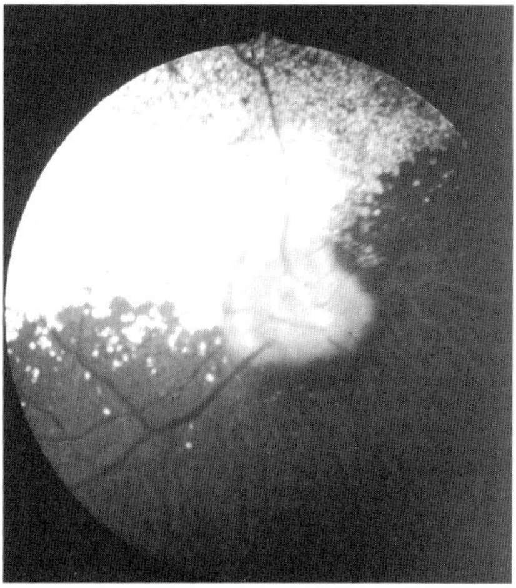

Spätform der PRA bei einem 4 1/2 Jahre alten Hund. Die Adern in der Netzhaut sind nur noch schwach zu erkennen. Der Sehnerv wird nicht mehr ausreichend durchblutet und verödet. Das Tier ist an PRA erkrankt und wird erblinden."

verschaffen. So wird er ohne weitere Hilfsmaßnahmen und Betäubung, Erkrankungen im Augeninnern feststellen und gegebenenfalls mit einer speziellen Kamera im Bild festhalten. Die Untersuchung ist für den Hund absolut schmerzfrei. Durch die Weitstellung der Pupille ist er für die Wirkzeit des Homatropin zwar lichtempfindlicher und in seiner Sehschärfe eingeschränkt, kann aber normal an der Leine geführt werden. Die festzustellenden Veränderungen ergeben sich aus dem Verlauf der Krankheit.

Von der PRA werden bestimmte Zellen der Netzhaut sog. Photorezeptoren betroffen. Diese Photorezeptoren sind

„Empfänger" der einfallenden Lichtstrahlen. Man unterscheidet Stäbchen, die für das Nachtsehen und Zapfen, die für das Tages- und Farbensehen zuständig sind. Gehen diese Zellen zugrunde, weil sie langsam degenerieren oder von vornherein fehlgebildet (dysplastisch) sind, wird der Hund seine Sehkraft verlieren. Die Netzhaut bekommt ein anderes Aussehen. Ihre sichtbaren Blutgefäße werden „dünner" oder verschwinden scheinbar, weil in den noch vorhandenen Gefäße kein oder kaum noch Blut zu den inaktiven, also abgestorbenen Zellen transportiert werden muss.

Der weniger durchblutete Sehnerv erscheint blass. Die Netzhaut wird dünner. Dadurch kommt es zu jenem merkwürdigen Augenleuchten, das der Besitzer eines betroffenen Hundes häufig selbst schon registriert hat. Licht fällt nämlich ins Auge ein und wird durch die Ausdünnung der Netzhaut wie durch einen Spiegel zurückgeworfen (Hyperreflexie). Das Pigmentepithel, vorher als „Müllabfuhr" für die lichtverarbeitenden Zellen benötigt, stellt seine Funktion ein. Der Tierarzt registriert dann einen Pigmentverlust, also ein Blasserwerden, dieser Bezirke im Augenhintergrund.

Erst später kommt es dann auch zu einer Trübung der Linse (Grauer Star oder Katarakt), als regelmäßige Folgeerscheinung der PRA.

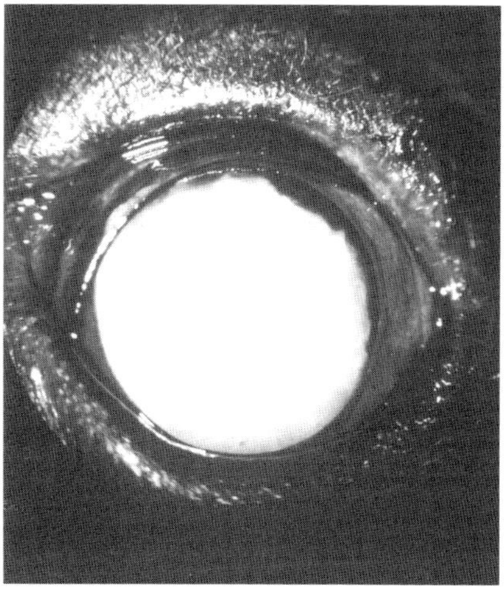

Der gleiche Hund in einem Alter von etwa 10 Jahren. Das finale Stadium der PRA ist erreicht. Der Hund ist vollkommen blind. Das Auge weist die für den „Grauen Star" typische milchigweiße Färbung auf.

Fotos: Dr. vet. Rolf Brahm

Für das Eintrittsalter der Erblindung ist entscheidend, ob es sich um eine bereits vorhandene Fehlbildung der Sehzellen (Dysplasie) oder eine langsam eintretende Degeneration handelt.

Dysplasien werden möglicherweise schon im Alter von 6 Monaten bis 2 Jahren, Degenerationen im Alter von 3 bis 9 Jahren zur Erblindung führen. Der Verband für das deutsche Hundewesen (VDH) hat inzwischen viel für die Bekämpfung dieser Erbkrankheit geleistet. In Forschungsprogrammen bemüht er sich um entsprechende Erfolge. Viele Zuchtvereine haben Ihre Zuchtordnung

»Blue Sands Vaquero Chet«
*(male, blue merle/w/c, * 30.10.1993)*
Foto: Börner

darauf ausgerichtet, dass tierärztliche Gutachter und Veterinärophtalmologen Befunde erheben und die Diagnose stellen. Mit Hilfe von Genetikern werden dann Zuchtempfehlungen erarbeitet.

Seit einiger Zeit ist man auch bemüht mit Hilfe von Blutproben, Genträger durch DNA-Analyse zu ermitteln. Dies hätte zusätzlich eine große Bedeutung, da die bisherigen diagnostischen Verfahren zuvor unverzichtbar, manchmal jedoch erst nach erfolgtem Zuchteinsatz greifen, wenn die Erkrankung am Auge manifest und somit feststellbar wird. Ein solcher Test existiert bisher nur für Setter und kann noch nicht auf den Australian Shepherd übertragen werden, da man von unterschiedlichen Krankheitsformen und somit Vererbungsmuster ausgehen muss.

Nur durch eine breite Zusammenarbeit aller Beteiligten ist davon auszugehen, dass die Progressive Retinaatrophie bei Hunderassen bekämpft werden kann, da sie nur durch vorbeugende Maßnahmen in den Griff zu bekommen ist.

ASCD und ASAG fordern übrigens die PRA-Untersuchung für in ihre Zuchtbücher einzutragende Aussies. Aber auch im eigenen Interesse sollte man seinen Deckrüden und die Zuchthündin untersuchen lassen.

Eine Behandlung und Heilung der PRA ist leider nicht möglich. Betroffene Australian Shepherds sind aber sofort von der Zucht auszuschließen.

Kryptorchismus

Beschreibung :
„Verborgenhodigkeit, Einhodigkeit" (siehe auch Kapitel 3 - Ausschlüsse)

Genetik :
„Dem Kryptorchismus liegt ein Faktorenkomplex zugrunde. Primär eine Entwicklungsstörung der Keimdrüsen. Zusätzlich die Möglichkeit einer Vielzahl von mechanischen Regelwidrigkeiten, die den Abstieg der Hoden beeinflussen. Im Einzelfall sind Pathogenese und Ätiologie selten eindeutig zu klären. Einer der wichtigsten Faktoren ist jeden-

falls genetisch, auch wenn über viele nichterbliche Formen berichtet wird. Insgesamt ist Polygenie angesagt."

Erläuterungen :

Beim betroffenen Hund raten die Tierärzte von einer Hormontherapie ab. Durch eine Operation lässt sich eine Korrektur herbeiführen, wenn der betroffene Hund Schmerzen hat. Dies ist für den Rüden selbst ist dies die beste Therapie, da nicht »abgestiegene« Hoden im adulten Alter zu tumoröser Entartung neigen. Sollten sich hormonelle Allgemeinprobleme zeigen, wie beispielsweise eine plötzliche Gemütsveränderung, so ist ebenfalls eine operative Entfernung notwendig.

*»Hanta Yo Sunka Matho Pte« (male, red merle/w/c, * 10.01.1990)*
(Phillips' Billy Bob ∞ Wyldrose Sunka Winkte Pte)
Züchter: Dunja Klimkeit, Verschneid/Eifel
Besitzer: Dunja Klimkeit, Verschneid/Eifel
Foto: Löhr

Eklampsie

Beschreibung :

„Geburtskrämpfe, die mit einer komplexen Störung der Mineralstoffbalance (Ca, Mg, P) und einer Hypomagnesämie einhergehen. Die Eklampsie tritt ca. 2 - 5 Wochen nach der Geburt der Welpen auf; sie zeigt sich in Krämpfen, Festliegen, Hecheln, ataktischem Gang und Temperaturanstieg. Es besteht Lebensgefahr für die Hündin!"

Genetik :

„Die Eklampsie ist eine heterogene Erbumweltkranheit, die durch den Genotyp der Tiere beeinflusst wird."

Erläuterungen :

Wohl die gefürchtestete Krankheit, die einer jungen Hunde-Mutter widerfahren kann ist die Eklampsie.

Bedingt durch Stoffwechselstörungen im Mineralhaushalt der säugenden Hündin. Die Produktion der Muttermilch kann zu einer Überbeanspruchung des Körpers der Hündin führen, da ihm Kalzium in hoher Menge entzogen wird. Die Folge kann, durch diese intensive Nährstoffabgabe bedingt, ein akuter Zusammenbruch des Kalzium-Stoffwechselsystems und des Vitamin/Hormonhaushaltes sein. Die äußeren Anzeichen einer Eklampsie sind denen eines epileptischen Anfalls ähnlich. Sie unterscheiden sich aber dadurch, dass die Hündin bei der Eklampsie nicht das Bewusstsein verliert. Nervosität, Zittern und schnelle Atmung sind die ersten Anzeichen. Später kommt es zum Schwanken des Tieres, es kann nicht mehr stehen, fällt schließlich um und verkrampft sich »sägebockartig« und/oder beginnt mit den Beinen zu zappeln. Vor dem Maul bildet sich schaumiger Speichel. In schweren Fällen steigt die Körpertemperatur fieberhaft an.

»Joy Blackwood«
*(female, blue merle/w/c, * 21.02.1989)*
(Andy Of Flachsberg ∞
Mean Blue Bobby Of Bearcreek)
Besitzer: Heidi Ledermann, Bätterkinden

Diese körperliche Anstrengung kann zum Tod durch Herz- und Kreislaufversagen führen.

Bei den ersten Anzeichen ist deshalb sofort ein Tierarzt hinzuzuziehen, egal ob sonntags oder mitten in der Nacht. Für Ihre Hündin besteht absolute Lebensgefahr!

Durch entsprechende Behandlung wird sich der Krampf innerhalb kurzer Zeit lösen. Durch tägliche Vitamin D_3 -und Kalziumgaben nach Anweisung des Tierarztes, wird eine Besserung und Erholung der Hündin eintreten. Die Welpen werden in jedem Fall zunächst abgesetzt und von Hand gefüttert. Wann die Hündin ihren Wurf wieder säugen darf sollte allein der Tierarzt entscheiden.

Kupieren der Rute

Kein Punkt im Rassestandard des Australian Shepherd wurde in der letzten Zeit in Deutschland so vehement diskutiert wie das Kupieren der Ruten.

Ich selbst gehörte auch zu denen, die sich an dieser Diskussion beteiligten. Das Ergebnis daraus. Ich besitze selbst einen »Aussie« mit langer und einen mit kupierter Rute. Bei einem »Australian Shepherd -Treffen« im Süd-Schwarzwald, März dieses Jahres, an dem über 40 Aussies teilnahmen, sah ich in der Mehrzahl unkupierte Hunde, was allerdings mit der in dieser Region betriebenen Zucht zusammenhängt.

Von der hohen Teilnehmerzahl war ich sehr erfreut, waren doch Hunde aller Farben dabei. Für einen Aussie-Freund ein wunderbarer Anblick und trotzdem stimmte etwas nicht. Später, ich hatte die Arbeit zu diesem Buch wieder aufgenommen und es lagen mir erste Bilder dieses Treffens vor, fiel mir auf, dass ich bei der Suche nach geeigneten »Fotomodellen« meist über die langrutige Variante hinweggesehen haben musste und mich mehr den stummelschwänzigen Vertretern zuwandte. Dies tat ich nicht bewusst und wurde mir auch erst jetzt deutlich.

In mir hat sich also ein »Aussie-Bild« manifestiert, wie es mich seit Jahren fasziniert und dies entspricht dem, was der Rassestandard vorschreibt:

„Ein auffallendes Charakteristikum ist sein natürlicher oder kupierter Stummelschwanz..."

Es ist also ein bezeichnendes hervorstechendes äußerliches Merkmal, für diese Rasse, dass sie über einen »Stummelschwanz« oder auch »Stutzschwanz« oder »Natural Bobtail« dem natürlichen Stummelschwanz verfügen soll. Aber warum?

Ich glaube es wird Zeit umzudenken!

Denn das Kupierverbot für Hunderuten wird kommen. Es liegen der EG bereits internationale Beschlüsse vor, die vorsehen, für den EG-Bereich künftig das Kupieren der Hunderuten zu verbieten.

An dieser Stelle möchte ich aus dem Buch von Dr. Dieter Fleig, »Die Technik der Hundezucht« zitieren:

„Das Kupierverbot der Ruten wird kommen! Sollte man sich nach dem Beispiel der englischen Bull Terrier-Züchter nicht rechtzeitig Gedanken machen, wie die betroffenen Hunderassen einmal ohne Rutenverstümmelung aussehen sollen? Hier sind die standardführenden Vereine nachdrücklich gefordert. Was ist züchterisch zu tun, um unschöne, zum Hundetyp nicht passende Rutenformen züchterisch zu bekämpfen (beispielsweise die »Ringelrute«)? Die zahlreichen Hunderassen, die lange Ruten tragen, sie alle beweisen - teilweise über Jahrhunderte - dass zum Erscheinungsbild der Rassen passende Ruten gezüchtet werden können. Und ausgerechnet für die Hunderassen, die bisher kupiert werden, sollte dies nicht möglich sein?

Erinnern wir uns doch daran, dass das Ruten kupieren einmal die Aufgabe hatte, von der Besteuerung ausgenommene Hütehunde klar zu kennzeichnen, verwiesen sei auf Rottweiler und Bobtails. Aber Unfug aus der Vergangenheit ist doch kein Argument, diesen auch in der Gegenwart fortzusetzen. Wir wissen heute dank der Verhaltensforscher einiges mehr um Funktion und Bedeutung der Hunderute. Ist es eigentlich kein Trauerspiel, dass es überhaupt gesetzgeberischer Maßnahmen bedarf, um diesem Unsinn ein Ende zu bereiten? Warum können die Hundefreunde in ihren Rassehundezuchtclubs nicht selbst entscheiden, ob sie ihre Hunde noch länger verstümmeln lassen wollen? Wie schade, dass es wohl ohne Gesetzgeber nicht geht!"

Doch es geht! Denn wir »Aussie-Freunde« haben das Glück einem so toleranten Rassezuchtverein wie dem »Australian Shepherd Club of America« anzugehören, der es uns möglich macht, unsere Hunde auch mit langer Rute im Zuchtbuch eintragen lassen zu können.

Und vielleicht haben wir doppeltes Glück, mit dem »Australian Shepherd Club Deutschland e.V.« einen »regionalen Club« zu besitzen, der es zum ersten Mal weltweit ermöglichte, bei der »Conformation-Show«, zunächst zwar noch in einer irregulären Klasse, langrutige Aussies zwei amerikanischen ASCA-Richtern vorstellen zu können. Ich denke, dass man damit auf dem richtigen Weg ist, auch wenn der FCI 1996 beschloss, den Aussies auch weiterhin die Ruten abzuschneiden. Es gibt viel zu tun,...

Kapitel 5

Adressen

- Adressen der Zuchtvereine
- Internet-Adressen
- Die Hütehunde
- Ärzte im Arbeitskreis-Veterinär-Ophtalmologie Giessen, AKVO
- Arzte im European College Of Veterinary Ophtalmologists, ECVO
- FCI-Auswertungsstelle für HD-Röntgen

Adressen

ASCA Business Office
6091 E. Stae Hwy 21
Bryan, TX 77803-9652
U.S.A.
Tel.: + 01-409-778-1082 (mo.-fr. 14.30h-21.00 h Mez)
Fax: + 01-409-778-1898
eMail: asca@mail.myriad.net
Web: http://www.asca.org/

ASCD e.V. Geschäftsstelle
Alaen Cammans
Im Mühlenstück 7a
53639 Königswinter
Tel. 02244/901630

Welpenvermittlung:
Club-Info:
Hildegard Ackerkrucht
Tel. 02605/8926
Miriam Lutz
Tel. 02687/2730

ASAG e.V. Geschäftsstelle
Dagmar Becker
Auf der Lohe 1
40699 Erkrath
Tel.: 0211/255447
Fax: 0211/2208938
Becker-ASAG@aussiefreunde.de

ASCS-Kontaktadresse:
Susanna Gross
Am Wylweg 12
Ch- 4533 Riedholz
Tel.: +41/0-32-623-5596

Bei Fragen zum Buch: **Ulrich Börner**
Ardeystr. 167
D-58453 Witten
Tel.: +49/02302-189 413
Fax: +49/0-2302-189 413
eMail: der aussie@aol.com

AKC	**American Kennel Club** Office 51, Madison Avenue New York, N.Y. 10010 U.S.A. Tel.: +01-212-696-8208 eMail: info@akc.org Web: http://www.akc.org/
Registrationen:	**American Kennel Club** 5580, Centerview Drive, Suite 200 Raleigh, N.C. 27606 U.S.A. Tel.: +01-919-233-9767 (mo.-fr. 14:30 h - 21:00 h MEZ)
FCI	**Fédération Cynologique Internationale** Rue Léopold II.. n° 14 B- 6530 Thuin Belgium
VDH	**Verband für das deutsche Hundewesen e.V.** Westfalendamm 174 D- 44041 Dortmund Deutschland Tel.: +49/0-231-56500-0 (mo.-do. 9:00 h-12:00 h/14:00 h-16:00 h - fr. 9:00 h-12:00 h) Fax: +49/0-231-592440 I-Online: VDH#
SKG	**Schweizerische Kynologische Gesellschaft** Länggassstrasse 8 Postfach CH-3001 Bern Switzerland Tel: +41/0-31-301 58 19 Fax: +41/0-31-302 02 15

Hier einige »Web Sites« für alle, die sich weitere Informationen über den Aussie im Internet beschaffen wollen.

Ulrich Börner 's Homepage WebSite von Ulrich Börner mit Informationen zum Buch, zur Rasse u.v.m. - Suchoptionen für andere WebSites
http://members.aol.com/der aussie/index.html

ASCA Home Page - The Australian Shepherd Club of America.
http://www.asca.org/

AKC - The American Kennel Club. Australian Shepherd - AKC Breed Standard
http://www.akc.org/text/ausshep.htm

SUPPLEMENT OF ANNOTATIONS TO THE AUSTRALIAN SHEPHERD BREED
http://www.everett.net/users/jimmb/suppment.html

Adoption Network - Australian Shepherd - Commonwealth Network. 1996. California.
http://www.worldwoof.com/adoptnet/aussie.html

Australian Shepherd HomePage. AUSSIE History and Character
http://www.everett.net/users/Jimmb/Aussie.html

Australian Shepherd Home Page.
http://www.hoflin.com/B/AustralianShepherd.html

K-9's Online Inc. Australian Shepherd Breeders - Australian Shepherd Breeders
http://www.k9online.com/ausshep.htm

Australian Shepherd Breeders Directory.
http://www.cheta.net/connect/canine/director/austshep.htm

Australian Shepherd Association Of Mid-Florida.
http://www.infodog.com/FILES/clbdat.prg/rec=422

United States Australian Shepherd.
http://www.infodog.com/FILES/clbdat.prg/rec=595

Twin Oaks Aussie's
http://www.pets4you.com/austshep.html

Australian Shepherd Clubs
http://www.cheta.net/connect/canine/clubs/austshep.htm

Australian Shepherd - Commonwealth Network
http://www.worldwoof.com/stndards/st_heas.html

Australian Shepherd Photo Page - Photos of Australian Shepherds
http://www.interspect.com/~brachman/aussies/aussies.html

The Australian Shepherd Annual '93, '94, '95.
http://www.hoflin.com/Annuals/%20Australian%20Shepherd%20Annual

The Best Of The Australian Shepherd Quarterly
http://www.hoflin.com/Books/Best%20ASQ.html

Australian Shepherd Connections
http://www.cheta.net/connect/canine/breeds/austshep.htm

Australian Shepherd Breed Information
http://www.simbra.com/poochnet/breedinf/faq's/aussishe/ausishep.htm

Australian Shepherd Breed Rescue
http://www.cheta.net/connect/canine/rescue/austshep.htm

Cyber-Pet's (Australian Shepherd Breeders Showcase)
http://cyberpet.com/cyberdog/breed/ausshpd/ausshpd.htm

THE DOG ZONE'S listing of AUSTRALIAN SHEPHERD CLUBS.
http://www.dogzone.com/clubs/aussie.htm

TrailBarrons Australian Shepherd Home Page
http://www.spots.ab.ca/~parkerj/

Scandinavian Canis Web - Australian shepherd
http://www.siusa.se/canis/com/eng/aus_shepherd.html

Australian Shepherd Page
http://www.utdallas.edu/~mdobbs/aussie.htm

Australian shepherd - SV-94, NORDV-95 Gefion´s Khount Down.
http://www.siusa.se/canis/htmlbild/aus_shephard.html

BreederLink's Australian Shepherd Home Page
http://www.breederlink.com/hpAusShep.htm

Scout - The Australian Shepherd
http://hobbes.itc.virginia.edu/~mac4b/scout.html

Australian shepherd - SUCH NUCH Warlock´s Expression.
http://www.siusa.se/canis/htmlbild/irl_varghund.html

Länkar. Australian Shepherd Home Page Australian.
http://www.siusa.se/canis/com/aus_shepherd.html

Australian shepherd rasbeskrivning - Australian shepherd. Tillbaka till kennlar
http://www.siusa.se/canis/descript/aus_shepherd.html

Australian Shepherd Shop
http://www.lasernet.com/pcs/ausshep.htm

Australian Shepherd Calendar
http://www.lasernet.com/dogstuff/cal0009.htm

AUSTRALIAN SHEPHERD - Figurines by breed. Sandicast. Original
http://www.thelittledoglaughed.com/Cat.Pages/a2c/austrspeherd.html

Australian Shepherd Herding Group
http://www.akc.org/ausshep.htm

Australian Shepherd FAQ. Why an Aussie? What is an Aussie?
http://incolor.inetnebr.com/roanoak/AustShepFAQ.html

The MINK Australian Shepherd Club
http://incolor.inetnebr.com/roanoak/MINK-ASC.html

Breeders in Canada: Australian Shepherd Dog
http://www.petsurf.com/breda21.htm

PET PRINTS INC. AUSTRALIAN SHEPHERD CALENDAR
http://www.petprints.com/dogsaf/austsheps.htm

Dog Screen Saver - Dog Breed Mouse Pads! - Australian Shepherd
http://www.dogsaver.com/mpausshe.html

Wiggle-Butt's Anonymous - The Unoffical B.C. Australian Shepherd Home Page
http://www.ultranet.ca/aussie/index.html

P.A.S.A. Peninsula Australian Shepherd Association PASA is the ASCA affiliate club for the San Francisco to Gilroy
http://www.everett.net/users/jimmb/Places.html

CompuPets Breeder Directory.
http://www.compupets.com/search3.html

Cassie's Australian Shepherd FAQ (Frequently Asked Questions)
http://www.gulker.com/gulker/cassie.html

Trefzger's Home Page. My Australian Shepherd. Capital Dog Training Club (CDTC)
http://homepage.interramp.com/pp002316/

Dog Breed List - Breed Specific Web Sites
http://noahspets.com/dbreed.html

Arbeitskreis-Veterinär-Ophthalmologie Giessen, (AKVO)

Der Arbeitskreis Veterinär-Ophthalmologie Giessen wurde 1986 von Vertretern der veterinärmedizinischen Hochschulen Deutschlands zusammen mit spezialisierten Tierärztinnen und Tierärzten aus der Praxis an der Chirurgischen Veterinärklinik der Universität Giessen gegründet. Die Ziele des AKVO bestehen darin, die Fortbildung und Spezialisierung von Tierärztinnen und Tierärzten in Deutschland im Bereich der Augenheilkunde zu fördern und im Dialog mit den nationalen und internationalen Rassezuchtverbänden, ebenso wie mit internationalen veterinärmedizinischen Organisationen der Augenheilkunde bei Tieren, zu kooperieren und Erfahrungen auszutauschen Dabei kommt der wissenschaftlichen Forschung und Statistik im Bereich der erblichen Augenerkrankungen der Hunde eine besondere Bedeutung zu. Während der vergangenen 10 Jahre haben die Mitglieder des AKVO im Rahmen von Vorsorgeuntersuchungen auf erbliche Augenerkrankungen in Zusammenarbeit mit dem VDH und den verschiedenen Zuchtvereinen unzählige Augenuntersuchungen vorgenommen und damit die Basis für die Maßnahmen zur Eindämmung der erblichen Augenerkrankungen bei unseren Rassehunden geschaffen.

Deutschland:

Dr. Willy Neumann
Frankfurterstr. 108
35392 Giessen
0641/99-38452

Dr. Rudolf Fritsch
Pappelstr. 42
85579 Neubiberg
089/6013247

Dr. Roberto Köstlin
Veterinärstr. 13
80539 München
089/21802635
089/21802628

Dr. Ellen Lettow
Oertzenweg 19b
14163 Berlin
030/8108422

Dr. Rolf Brahm
Hoher Wall 20
44137 Dortmund
0231/149091

Dr. Helga Brehm
Fruwirthstr. 35
70599 Stuttgart
0711/4592450

Dr. U. Zips-Weber
Martin-Luther-Str. 2
57548 Kirchen
02741/62474

Dr. Rainer Fietzek
Habichtstsr.64
22305 Hamburg
040/619200

Dr. Heinrich Grussendorf
Wiechmanns Eck
49565 Bramsche
05461/2000

Dr. Gerhilde Kasa
Bahnhofstr.11
79539 Lörrach
07621/919320

Dr. Andrea L.
Schulte-Neumann
Am Drosselschlag 25
35452 Heuchelheim
0641/66646

Dr. Eberhard Magunna
Kabelstieg 41
22850 Norderstedt
040/5298940

Dr. B. Raqué
Lindenaststr.26
90409 Nürnberg
0911/533008

Dr. Carsten Rosenhagen
Schwachhauser Ring 86
28209 Bremen
0421/349509

Dr. Karl Saers
Wintgensstr. 81-83
47058 Duisburg
0203/333036

Dr. Hans-J. Heider
Dammannstr.20
30173 Hannover
0511/8567251
0511/853678

Dr. Gerhard Teichert
Preussenallee 42
14052 Berlin
030/3041122

Dr. Klaus-P. Vick
Gartenstr.12
26122 Oldenburg
0441/74074

Dr. Christine Gabel
Widmann-Weg 16
93049 Regensburg
0941/33221

Dr. Michael Köhler
Friedhofsweg 10
57518 Betzdorf
02741/22166

Dr. Uwe Gränitz
Nürnberger Str. 1
04103 Leipzig
0341/2113356

Dr. Dieter Müller
Kempenerstr. 59
52525 Heinsberg
02452/21870

Dr. Birgit Lohmann
Waldfriedstr.10
60528 Frankfurt/M
069/6662350

Dr. Ingrid Allgoewer
Oertzenweg 19b
14163 Berlin
030/810822422

Dr. Andreas Hofmann
Burgstr.32
55765 Birkenfeld
06782/1213

Dr. Karl-H. Hennecken
Neustr. 16
52223 Stolberg
02402/3377

Dr. Andrea Vollmar
Heisterstr.5
57537 Wissen/Sieg
02742/2472

Dr. Jens Fritsche
Kreuzhofstr.10
81476 München
089/74576750

Dr. Christine Thyssen
Gut Lichtenberg
86937 Scheuring
08195/262

Dr. Reinhard Schramm
Kastanienweg 19
91058/Erlangen
09131/65041

Dr. Suna Mitra
Hoffmannweg 8
70186 Stuttgart
0711/481212

Dr. Michael Barkhoff
Verdener Landstr.220
31582 Nienburg
05021/62424

Schweiz:
Dr. Bernhard Spiess
Universität Zürich
Winterthurer Str. 260
CH- 8057 Zürich
Schweiz
+41/1/3651111

Niederlande:
Dr. Frans C. Stades
8 Yalelaan
NL- 3584 CM Utrecht
Niederlande
+31/30/531693

Österreich:
Prof.Dr. Ingo Walde
Josef Baumanngasse 1
A-1210 Wien
Österreich
+43/1/250775332

Mitglieder der ECVO:

Niederlande:

Dr. Michael H. Boevé
Faculteit Diergeneeskunde
Yalelaan 8, De Uithof
Postbus 80.154
NL- 3508, TD Utrecht,
Netherlands
+31 30-2531693

Dr. Albert Heijn, Veterinaire
Specialisten Oisterwijk,
Boxtelsebaan 6
NL- 5061 VD Oisterwijk, Netherlands
+31 13 528 5900

Belgien:

Dr. Magda Grauwels, Univ. Liege,
Fac. Vet. Med.
Konigin Astrid Laan 417,
B- 19504000 Kraainem
Belgium
+32-41-564214

Schweiz:

Prof. Dr. Bernhard Spiess
Vet. Chir. Klinik
WinthertHurerstr. 260
CH- 8057 Zürich
Switzerland
+41 1-6358404

Österreich:

Prof. Dr. Ingo Walde
Veterinärmed. Universität Wien
Linke Bahngasse 11
A- 1030 Wien
Austria
+43-1-43125077/5390/5301

Deutschland:

Dr. Willy Neumann
Chir. Vet. Klinik
Universität Giessen,
Frankfurterstr. 108
D- 35392 Giessen
+49-641 7024741

Auswertungsstelle für HD-Röntgen:

Dr.med.vet. Kurt Witteborg
Neue Str. 57
29640 Schneverdingen
05193-6322

Kapitel 6

Zum guten Schluss

Folgende Bücher zog ich für die Recherche zu Rate:

Beckmann, L.:
„Geschichte und Beschreibung der Rassen des Hundes, I. & II. Band"
Braunschweig, 1885
Friedr.Vieweg und Sohn
Reprint: H.Fleig, Mürlenbach/Eifel 1983

Bockermann, M. & Seidel, A.
Border-Collie
Berlin, 1996
Parey Buchverlag4

Brehm, Dr.med.vet.H.:
„Expertenrat für den Hundehalter"
Stuttgart, 1995
Franckh Kosmos

Brehm, A. E.:
„Brehms Tierleben"
Überarbeitete Ausgabe von Werner Hagen und Otto Evers
Hamburg, um 1900
Uhlenhorst Verlag

Budras, Prof.Dr.K.-D. & Fricke, W.:
„Atlas der Anatomie des Hundes - Lehrbuch für Tierärzte und Studierende"
Hannover, 1991
Schlütersche Verlagsanstalt & Druckerei

Burtzik, P.:
„Erziehung und Ausbildung des Hundes / Aus der Praxis - für die Praxis"
Hamburg, 1996
Verlag Paul Parey

Literatur

Chifflard, H. & Sehner, H.:
„Ausbildung von Hütehunden"
Stuttgart, 1996
Ulmer
ISBN 3-8001-7313-1

Coren, S.:
„Die Intelligenz der Hunde"
Hamburg, 1995
Rowohlt

Cornwell, S.:
„Jugding The Australian Shepherd /
A Common Sense Approach to The Breed Standard"
Eigenverlag, 1991

Palmer, J.:
„Dog Facts"
London, 1991
Quarto Publishing

Fleig, Dr.D.:
„Technik der Hundezucht"
Mürlenbach/Eifel, 1992
Kynos Verlag

Friedl, L.W.:
„Was fehlt denn meinem Hund? Krankheiten erkennen, behandeln, vermeiden"
München, 1992
BLV

Hartnagle, Jeanne J.:
„All About Aussies / The Complete Handbook on Australian Shepherd Dogs"
Loveland, 1985
Alpine Publications
ISBN 0-931866-18-9

Hartnagle, Joseph:
„Australian Shepherds"
T.F.H. Publications, Inc.
Neptune City, 1996
ISBN 0-7938-2350-1

Finger, K. H.:
"Hirten- und Hütehunde / Entstehung und Nutzung der Rassen und Schläge, ihre Haltung, Ausbildung und Leistungswettbewerbe"
Stuttgart, 1996
Ulmer
ISBN 3-8001-7325-5

Krämer, E.-M.:
„Der Kosmos-Hundeführer"
Stuttgart, 1991
Franckh Kosmos

Müller, J. & Kopernik, U.:
„Der Pyrenäenschäferhund / Eine natürliche Rasse und ihr Biotop"
Hennef/Sieg, 1992
Eigenverlag Club Berger des Pyrénées

Morris, D.:
„Dogwatching / Körpersprache des Hundes"
London, 1987
Heyne

Ross, J. & McKinney, B.:
"Hunde verstehen und richtig erziehen"
Stuttgart, 1994
Frankh Kosmos

Wiesner, E. & Willer, S.:
„Lexikon der Genetik der Hundekrankheiten"
Basel, 1983
Karger
ISBN 3-8055-3616-X

Zimen, E.:
„Der Hund / Abstammung, Verhalten, Mensch und Hund"
München, 1988
Goldmann
ISBN 3-442-12397-6

Dankeschön !

Für die Unterstützung, die der Erstellung dieses Buches zu Gute kam, danke ich herzlichst den alphabetisch aufgeführten Personen und Organisationen:

Meike Bockermann, Büttel
Hannes Bolz, Vörstetten
Rudi Borke, VS-Schwenningen
Dr. vet. Rolf Brahm, Dortmund
Micha Göbel, Sunthausen
Petra Grenz, Donaueschingen
Wolfgang Gsell, Stuttgart
Peter & Mary Hellmeister, Königswinter
Udo Kopernik, Hennef/Sieg
Lorna Lange-Fleckenstein, Bietingen
Bernd Leikauf, Hagenbüchach
Jaqueline Lemm, Witten
Silke Löffler, Kronach
Ute Löhr, Bochum
Marga & Erich Lunz, Lonnerstadt
Heike & Oliver Sturm, Velbert-Langenberg
Waltraud Vogt, Wetter/Ruhr
Ulrike Weisser, Königsfeld
Franz Wrenger, Dortmund
Bernie Zimmermann, Sunthausen

Australian Shepherd Club of America, Inc., ASCA
Australian Shepherd Club Deutschland e.V., ASCD
Australian Shepherd Association Germany, ASAG
Australian Shepherd Club Switzerland, ASCS

Verband für das deutsche Hundewesen, VDH
American Kennel Club
Arbeitskreis-Veterinär-Ophtalmologie Giessen

Für die freundliche Unterstützung in Form von Bildmaterial danke ich:

»Club Berger des Pyrénées«
Udo Kopernik
Büllesfeld 2a
D- 53773 Hennef/Sieg

»Sri Yogananda's Tibet-Doggen«
Elvira Seyfang-Balshüsemann
Josefstr. 12
D- 52388 Nörvenich

Birgit Roese
Christstr. 36
D- 44789 Bochum

Klub für ungarische Hirtenhunde e.V.
Dr. Dietmar Friedrich
Baldersheimer Str. 16
D- 12349 Berlin

»Rottweiler vom Börnchen«
Heike & Rüdiger Schmidt
Eichener Str. 123
D- 57223 Kreuztal

»Kennel Ffefryn Brenhines«
Jane & Howard Bentley
Skovbrynet 11, Sahl
DK- 7830 Vinderup

»Bigebilly's Australian Cattle Dogs«
Karin Schmidt
Auf dem Höhlchen 3a
D- 35083 Wetter

Uta Löhr
Querstr. 15
D- 44866 Bochum

»Bordercollies v. Beutenhof«
Ingeborg & Horst Mößner
Beutenhof - Haus 3
D- 73565 Spraitbach

Wolfgang Gsell
Klugestr. 38
D- 70197 Stuttgart

»Collies vom Schwarzen Blitz«
Gabriele Fechtel
Carolus-Magnus-Allee 4
D- 52531 Übach-Palenberg

»Turella's Kurzhaar-Collies«
Claudia Schmidt
Auf dem Höhlchen 3 a
D- 35083 Wetter/Hessen

»Rancho Exquisita's«
Marga & Erich Lunz
Fetzelhofen 7
D- 91475 Lonnerstadt

Lorna Lange-Fleckenstein
Breschnecker Str. 7
D- 88605 Bietingen

»Blue Sand Aussies«
Micha Göbel & Bernie Zimmermann
An der Kötach 4
D- 78073 Sunthausen

»Crana Aussies«
Silke & Stefan Loffler
Geiersgraben 21
D- 96317 Kronach

»Black Velvet Australian Shepherds«
Mary & Peter Hellmeister
Am Herzleiterbach 4
D- 53639 Königswinter

»Silver Diamond Aussies«
Heike & Oliver Sturm
Wallmichrather Str. 26
D- 42555 Velbert-Langenberg

Dankeschön !

Für die freundliche Unterstützung in Form von Bildmaterial danke ich:

Border-Collies vom Weideland
Meike Bockermann
Schaatdeich 20
D- 27612 Büttel

Züchterwerbung

- Bitte beachten Sie auch die Farb-Anzeigen auf den Seiten 100 und 101

Australian Shepherd Club Deutschland e.V.

Der ASCD wurde 1988 von engagierten Aussie-Freunden gegründet. Damals wie heute stehen die Bemühungen um den Australian Shepherd im Mittelpunkt unserer Artbeit.
Gesundheit, Spaß mit und am Hund hat oberste Priorität.

Der ASCD ist seit 1992 der einzige Affiliate Club in ganz Europa, der Conformation Showen und Obedience Trials mit amerikanischen ASCA Richtern ausrichtet.

Wir bieten das DNA Programm, die Molekularische Abstammungsuntersuchung in Zusammenarbeit mit dem ASCA. Hierbei wird durch Blutabnahme die Herkunft mit einem Certificate bestätigt. Erstaussteller erhalten ein CP Nachweis, Nachzuchten aus Elterntieren deren Blutnachweis in Amerika registriert sind erhalten dann schon ein VP, also einen Vollnachweis.

Desweiteren bieten wir ein Rescue Programm für „Aussies in Not".
Nicht alle Aussies haben das Glück ein Leben lang bei Ihrem Besitzer bleiben zu können. Grundgedanke ist es durch die Vermittlung des ASCD's, ein neues geeignetes und liebevolles Zuhause für diese Aussies in Not zu finden.

Ebenfallls halten wir für unsere Mitglieder eine Vielfalt von Unterlagen bereit. ASCA Formular, eine Infomappe und einen Welpenkaufvertrag für unsere Züchter. Der ASCD führt ein Zuchtbuch, eine Deckrüdenkartei und eine Züchterliste.

ASCD Züchter legen die Ergebnisse der Elterntiere von Augen und Hüftuntersuchung (zur Zucht nur A1, A2, B1 + B2) vor, da dies die Basis für eine gesunde Zucht ist.

Von der Welpenvermittlung werden nur Welpen vermittelt, bei denen zwischen der 6.-9. Lebenswoche eine Augenuntersuchung erfolgt ist.

Mitglieder erhalten die Vereinszeitschrift Aussie News 4x jährlich, in der außer Info und Clubmitteilungen, aktuelle Termine, interessante Artikel rund um den Aussie, Deck und Wurfanzeigen, PRA + HD sowie DNA Ergebnisse und vieles mehr, was Aussiefreunde interessiert, enthalten ist.
Mitgliedsanträge können bei der Geschäftsstelle angefordert werden.

Vorsitzender Alain Cammans
Affiliate Representant
Tel.: 02244/901630

Stellvertr. Vorsitzender Ing Hammer
Rescue Programm
Tel.: 02742/71435

Geschäftsstelle Tel.: 02244/872691

Welpenvermittlung Tel.: 0260/58926
und Tel. 026872730

Unsere Zuchthündinnen: Jessy & Scarlett

„Jessy" geb. 14.03.95
Black Velvet's Power Play HD-PRA frei, black/tri, Rotträger, vollst. u. korrektes Scherengebiss, DNA CP

Aus „Jessy's" Nachzucht:
„Scarlett" geb. 08.06.97
Black Velvet's Scarlett o'Hara DNA VP, black/tri, Rotträger, HD-PRA frei, (Black Velvet's Power Play x AKC/ASCA CH Heatherhill Nidalap DNA CP) ASCA Show Mai 2000: Winners Bitch, Best of Breed, Best of Winners. Erwartet Ende Jan. 2001 erstmals Welpen

Starlight's Shinin of Black Velvet „Benny" black/tri
Vollbruder „Benny" errang seinen CH-Titel im Okt. 2000-ASCA Show Meckenheim, vorgestellt von Sabrina Bogdanski, Besitzer E. Juhl. Sh. Bild: Scarlett u. Benny (Black/tri mit blauem Auge) Ebenfalls aus Jessy siehe unten Blue Velvet: „Flinn"

Starlight
Australian Shepherds

Helga & Werner Bogdanski
Im Mühlenstück 9 • 53639 Königswinter • Tel./Fax 02244/87 44 55 • E-mail: boggis.aussies@t-online.de

---

Splendid
Australian Shepherds
Blue Velvet

Erika & Wener Jansen • im Mühlenstück 7 • 53639 Königswinter
Telefon 02244/ 76 86 • Fax 0 22 44 /87 26 91
Mobil: 01776340446 • E-mail: bluevelvetaussies@t-online.de
ASCD zund ASCA Mitglied

Deckrüden für Ihre Hündin!

Unsere Welpen sind bis zur Abgabe, gechipt, erstgeimpft, mehrfach entwurmt, Augen- und Zahnuntersucht"

„Flinn" - Starlights Certainly Sweet Power DNA - VP
Alter: 2 Jahre, Blue merle, Rotträger, Augen frei, HD-frei
Sire: Red Banks Marshall Dillon – Dam: Black Velvets Power Play
Züchter: Helga & Werner Bogdanski
ACI-L. Deutschland- und Europasieger
ACI-L. Jugendchampion, Conformation-Show 1999 nur 1. und 2. Plätze
Flinn ist in 2000 Reserve Winners Dog geworden
Einwandfreier Charakter, besonders kinderlieb

„Paiman" CH. Pia Pied of Windsor DNA - CP
Alter: 4 Jahre
Blue merle, Rotträger, NBT, OFA Eellent, Augen PRA-etc. frei, AKC und ASCA registriert
Sire: Stammt von Highlander of Windsor, der zahlreiche Champions hervorgebracht hat und den Zusatztitel HOF trägt.
Dam: Windy Farms Empyreal of TC. trägt den ASCA-Champion-Teil
Einwandfreier Charakter, mit ausgeglichenem Temperamenmt

Endy

Endearing Flame of Bright Mind

Endy, ein Beispiel für unsere langjährige Zucht, bei der wir viel Wert auf guten Charakter, Intelligenz und Schönheit legen

Bright Mind Aussies

Ulrike Pacyna & Wolfgang Andes
42, Grand Rue F-57430 Sarralbe (Nähe Saarbrücken)
Tel.: 0033 / 3 87 97 33 96 Fax: 0033 / 3 87 97 33 95

E-Mail: aussies@bright-mind-aussies.de
Internet: www.bright-mind-aussies.de

Australian - Shepherd - Zucht

Smart Little Cody

geb. 5. Juli 1996

Cody´s Pedigree schreibt Zuchtgeschichte.
Er hat Blutanschluß an die Hündin „Blue Isle Lassie of Wildrose“.
Seine Mutter Saskia ist die Vollschwester zu Bonacker´s Chiporapay (Weltsieger 1996). Sein Vater ist Hanta yo Sunka Matho (u. a. Weltsieger 1994). Er selbst ist sehr typvoll, mit einem super Charakter, der Ihn in allen Lebenslagen über den Dingen stehen läßt.
PRA / CEA / RD / frei, HD - frei, komplettes Scherengebiß, kupiert.

Unsere Zuchtphilosophie:
Ein typvoller Aussie der gesund und vielseitig einsatzbar ist.

Besitzer: Doris und Thomas Wehner
Aussiedlerhof 2
36148 Mittelkalbach
Tel. 0 66 55/7 46 34
Fax 0 66 55/91 85 07

Hanja of the Divine Firehorse
Hündin: geboren 02.06.1998
Farbe: Red white/copper
Augenfarbe: Amber
Lange Rute
Grösse: 53 cm
HD frei / PRA frei

Gümpel's Omani
Hündin: geboren 29.09.1998
Farbe: Black white/copper
Augenfarbe: Braun
Lange Rute
Grösse: 51 cm
HD frei / PRA frei

Rockwaters Barclay
Rüde: geboren 25.06.1997
Farbe: Blue Merle white/copper
Augenfarbe: Braun
Lange Rute
Grösse: 53 cm
HD frei / PRA frei

Rockwaters Jaketo-Joe
Rüde: geboren 16.06.1998
Farbe: Red Merle white/copper
Augenfarbe: Grün
Lange Rute
Grösse: 58 cm
HD frei / PRA frei

Rosebud of Cranas Qurin Deva
Rüde: geboren28.10.1999
Farbe: blue Merle white/copper
Augenfarbe: Blau
Lange Rute
Grösse: 58 cm
HD frei / PRA frei

Alle Hunde leben als Familienmitglieder im Haus und sind mit uns aktiv im Sport tätig. (Breitensport, Obidience, Gehorsam, Frisbee, Flyball, Freestyljumping) und laufen mit Begeisterung am Saccocar

Almuth & Wolfgang Hanke, Poststraße 1, **24997 Wanderup**
Tel. 04606/512 Fax 04606 / 468
e-mail: info@jataka-aussies.de http://www.jataka-aussies.de

FROSTI'S AUSSIES

Castle-Meadow-Cheyenne
Hündin 24. Sept. 1997
blue merle

Nina's Jim Beam
Rüde 21. April 1996
black bi

Beide Hunde sind PRA, HD, DNA ausgewertet und gechipt

Ausgeglichenheit und Charakterstärke zeichnen unsere Hunde und unseren Nachwuchs aus.
Unser Zuchtziel ist die Erhaltung der Vielfältigkeit und die Gesundheit der Rasse.
Zeitweise sind Welpen abzugeben. Auskünfte geben wir gern, oder kommen
Sie uns besuchen, um uns kennen zu lernen.

St. + Th. Pitzer, Neumühle 55232 Alzey
Tel: 06731/55817 oder 0177/7755817 www.frostis.de.vu stpitzer@yahoo.de

---

Farmhouse Image-Maker-Tom

Geboren am 04. Feb. 1997
Color black tri (red factored)
Rute NBT / korrektes Scherengebiss
PRA /CEA frei
HD B2
Vater ist Farmhouse Billo the Kid
Mutter ist Merrymacs Ruby Rose

Tom ist ein kräftiger Rüde. Er hat ein liebevolles Wesen und einen ausgeglichenen Charakter. Er ist nationaler und internationaler Champion. Seine Welpen erreichten auf Ausstellungen die ersten Plätze und sehr gute Beurteilungen.

Weitere Informationen, Unterlagen und Bilder
unter www.farmhouse.de.vu
oder bei Petra Lüer
+49(0)2262-701133
blue4dog@yahoo.de

Australian Shepherds of the Divine Firehorse

Gesundheit, Charakterstärke und Arbeitswille sind die Grundlange unserer Zucht. Auf der Basis von Phillips' - und Las Rocosa - Blut ziehen wir unsere Mutterlinie nun schon bis in die 4. Generation.

Unsere Welpen wachsen in ihrer Hunde- und Menschenfamilie mit Pferden und anderen Tieren auf.
Ob Hüten, Agility, Obedience, als Reitbegleithunde oder im Rettungshundewesen, unsere Hunde sind für alles zu begeistern, wenn sie auch geliebtes Familienmitglied sind.
Unser Rude „Dingoo" (red merle, HD-frei) zeichnet sich gleichermaßen durch Arbeitsfreude und grosse Anhänglichkeit aus und gibt dies auch an seine Kinder weiter.

Weitere Info's:
Katja Sentker
Auf der Filge 3
32351 Stemwede-Levern
Tel./Fax 05745/911974
E-Mail: firehorse@surfeu.de